Juan Encío Avello

Desde el dolor a ti grito
El sufrimiento como punto de encuentro con el Amor

Nueva Eva

© Juan Encío Avello, 2025
©Ediciones Nueva Eva, 2025

1ª edición: noviembre 2025
2ª edición: diciembre 2025

www.nuevaeva.es
martamoreno@nuevaeva.es

Revisión del texto: Marta Moreno Candel
Diseño y maquetación: José S. Cantero
Diseño de portada: Irene Cantero
Imagen de portada: *Jesus wept*, James Tissot
ISBN: 979-13-990917-0-0
Depósito Legal: M-23166-2025
Impresión: Campillo Nevado S.A.

Printed in Spain – Impreso en España

A ti, que sufres,
buscando que mi dolor,
junto al dolor de Jesús,
sea consuelo.

ÍNDICE

AGRADECIMIENTOS

Gracias, mamá, por todos los momentos —de alegría y de sufrimiento— que hemos compartido. Gracias por sufrir conmigo. Gracias, gracias y más gracias.

Gracias, papá, por intentar hacerme feliz, cueste lo que cueste. Gracias porque hemos llevado la camiseta de la Real a Wembley, al Allianz y al campo del Fulham. Eres increíble y te quiero mucho. Sé que a veces te incomoda la apertura a Jesús que estamos viviendo y nos entristece no compartir aún la fe. No sé si Emaús será tu camino a Dios, pero de lo que estoy seguro es de que sin Jesús la felicidad nunca será plena, y más cuando lleguen momentos duros o incomprensibles.

Alicia, gracias por tu paciencia, por ser tú, por entregarte a mí en lo que necesito y por estar en lo bueno, lo malo y lo peor. Inés, gracias por tu fuerza y coraje, por ser valiente y arrastrarme contra viento y marea. Clara, gracias por darme tanto, por ser como eres, tan dócil y tan «capulla» a la vez. Las tres habéis luchado mucho para que no estuviera solo. En gran parte, gracias a vosotras soy quien soy. No os cambiaría por nada ni por nadie.

Gracias, Ramón, Juliana, Erika y Juanla. A través de vuestro amor y de vuestros sacrificios estoy conociendo al Amor, con mayúsculas. Sois personas maravillosas y de un corazón inmenso. Estoy convencido de que Dios tiene algo grande preparado para cada uno de vosotros. No sé lo que os pedirá, pero deseo estar ahí, porque sé que a vuestro lado siempre estaré más cerca de Él.

Gracias, abuelos, por todo lo que habéis hecho, por colmarme de caprichos y por estar en los momentos difíciles.

Gracias, primos, por llevarme hasta el fin del mundo, por conversar de fútbol y de todo lo demás.

Gracias, tíos, por acogerme en vuestras casas y tratarme tan bien.

Gracias a quienes alguna vez me dijeron que no y a los amigos del colegio por quienes me sentí rechazado. Si he aprendido a tener paciencia y ser valiente es en parte gracias a vosotros. Solo os pido una cosa: que améis más a los demás en sus momentos de cruz.

Ignoro si estoy cerca de la mujer de mi vida. Dios dirá. No podemos domesticar a un león indomable.

¿Quién será? No lo sé, pero tiene que ser alguien muy especial, una entre un millón, alguien que vea la discapacidad como una oportunidad y no como un estorbo —algo poco común hoy, aunque la sociedad diga lo contrario—.

Gracias, amigos y amigas (del colegio, de Effetá, del grupo carismático, de la parroquia, de Madrid...) por entregaros gratuitamente, por hacerme feliz en la adversidad y permitirme disfrutar tanto. Gracias por vuestra paciencia para dejar que me exprese y por cuidarme cuando lo necesito.

En definitiva, gracias a todos por todo.

Y gracias a ti, Dios mío, por permitirme alabarte y cantarte a pleno pulmón. Gracias por mi discapacidad, por mi vida y, sobre todo, por la gente que has puesto en mi camino. Gracias por mis ganas de vivir, por enseñarme a entregarme a los demás, por alimentar mi amor a la Virgen. Gracias por dejarme ser tu instrumento para acercar a otros a ti, por haberme elegido como piedra de escándalo para muchos. Gracias por Cafarnaúm, por mi vocación a «hacer lío» en el mundo y a llevarte a los pequeños. Gracias por mi deseo insaciable y mi sed inmensa de ti.

Gracias también por el sufrimiento, las dudas, el desprecio, el miedo a enamorarme, los pensamientos contra mí mismo, el quererme «cortar las alas» constantemente, y por las personas que se han alejado de mí y me han hecho daño —con intención o sin ella—. Estas experiencias me han hecho ser quien soy.

Agradecerte y alabarte por todo: eso intento hacer cada día y a cada hora. ¡Gloria a Dios!

PRÓLOGO

Querido Juancho:

Después de leer este libro —un libro, para mí, necesario—, no puedo ocultarte que me siento profundamente conmovido. El aprender a caminar por el sendero del sufrimiento es, quizá, el gran secreto de la vida que todos andamos buscando, muchas veces sin saber que lo buscamos. E incluso, te diría también, sin necesidad de estar sufriendo.

Al leer tu libro he pensado en la parábola del grano de trigo, esa en la que Jesús dice de sí mismo: «Si el grano de trigo no cae en tierra y muere, queda infecundo; pero si muere, da mucho fruto». Y la pregunta que me hago es: ¿por qué?, ¿por qué es necesario el sufrimiento para que la vida sea fecunda?, ¿por qué la vida no puede ser fácil y ya? Y la verdad es que no tengo respuesta.

En estos tiempos confusos que nos han tocado, en donde es difícil saber siquiera cuáles son los puntos cardinales que necesitamos para situarnos en la vida, tu libro nos muestra cómo el sufrimiento desvela dónde está la belleza del alma humana y, por tanto, su grandeza. Sufrimos, sí, es un hecho, y nadie quiere, pero también somos capaces de esa grandeza que no existiría sin el sufrimiento.

No querría ponerme demasiado abstracto, solo hacerte esta reflexión: ¿te das cuenta de hasta qué punto muestras la capacidad de lucha, de caer, romperte y, después, levantarte y reconstruirte?, ¿te das cuenta de tu capacidad de empatía hacia los que sufren lo que tú ya has sufrido antes?, ¿te das cuenta de tu capacidad de crear cosas que no existían, y que nacen del sufrimiento, como este libro, por ejemplo?, ¿te das cuenta de la sabiduría real que emana de él y que todos necesitamos?

Tú mismo hablas en el libro de que el sufrimiento te pone ante una encrucijada: amargarte por lo que no tienes o dar gracias por lo que tienes. Y, una vez decidas, experimentarás tristeza o consuelo. Ahí radica también la belleza de la libertad humana.

Pero quizá la mayor belleza de la que nos hablas sea la del sentimiento de indigencia, ese al que te refieres cuando dices que todo lo que creías que eres, no lo eres; que todo el control que creías que tenías sobre tu vida, no lo tienes; que has cruzado por un desierto en el que te has sentido inerme, agotado, vencido, triste, y profundamente abandonado. Y allí, sin nada con lo que negociar con Dios, ha ocurrido algo inexplicable, y todo ha cobrado un sentido mucho mayor del que jamás pensabas que encontrarías. Supongo que, para dejarse amar, antes hay que vaciar el alma, pero dime: ¿hay una belleza mayor que la de un alma a la intemperie?

Juancho, este libro es esclarecedor. Habla de lo que, antes o después, vamos a tener que afrontar cada uno. El que haya una primera parte novelada lo hace más ameno y fácil de leer, y la segunda parte, la de las cartas, le da aún mayor agilidad. Los pequeños detalles cotidianos aportan color a la complejidad de la vida que describes y sumergen al lector en cada una de las escenas. Es, además, un libro que te hace pensar, sin pretenderlo, sin artificios, tan solo enfrentando al lector a la realidad.

Los que escribimos sabemos que un libro así no es nada fácil de escribir. Tienes que estar muy orgulloso.

Tu tío, que siempre te quiere,

Rafa

INTRODUCCIÓN

Querido amigo:

Si has abierto este libro es probablemente porque tú mismo, o alguien cercano, lo está pasando mal. Tal vez tengas cáncer, sufras *bullying* o hayas perdido a un ser querido. Quizá un acontecimiento aislado te haya tirado a la cama a llorar y te haya hecho sentir que no puedes más, o tal vez haya sido un cúmulo de situaciones, presentes y pasadas, lo que ha dejado tu corazón sangrando y lleno de heridas. ¿Qué puedo contarte yo? Que entiendo tu dolor y lo acojo. Solo puedo decirte eso, de momento, aunque quizá te parezca insuficiente para lo que deseas. Pero es lo único que puedo ofrecerte así de primeras, aunque si sigues leyendo, es posible que encuentres algo más para ti.

Este libro no promete una solución definitiva a ese dolor que te atormenta, porque el misterio del dolor, como su nombre indica, es un misterio. Lo que sí podemos hacer, tal vez, es nombrarlo —o nombrar los dolores, porque puede ser más de uno—. Por eso, vamos a poner nombre a muchos de los «¡ay!» que nos torturan. Al principio, lo haremos a través de un personaje ficticio, Ramón, y contaremos su historia, llena de dolores que bien podrían ser los tuyos, para facilitar la identificación con el argumento principal. Después hablaremos, mediante cartas en las que abro mis heridas, de diferentes fuentes de sufrimiento que aquejan al ser humano, y de la huella que dejan en todo su ser. ¿Por qué me he decantado por el género epistolar en esta segunda sección? Porque considero que es una manera muy sencilla de transmitir cariño y cercanía, justo lo que necesita alguien que sufre.

Tampoco tengo un porqué definitivo: las circunstancias cambian en cada dolor y en cada pérdida. No soy filósofo, pero, en medio del sufrimiento, quizá lo que menos necesitas es una explicación abstracta de lo que te sucede. Lo que te viene mejor es que alguien te preste atención, y llorar acompañado.

Me temo que tampoco puedo saber cuándo volverás a sonreír y a cantarle a la vida, si es que estás invadido por la tristeza. De lo que estoy seguro es de que el dolor tiene sentido en Dios, y creo que el desierto por el que ahora caminas desemboca en una vida abundante y eterna.

No se me oculta que quizá puedas pensar: «Vale, pero yo sigo en mi tumba, muerto en vida», y seguramente te sientas así. Sé que todo suena bien en teoría, pero que a muchos el día a día es lo que les mata.

¡Cuánto te entiendo, amigo! Por eso quiero acompañarte y amarte en el dolor, caminando a tu lado hacia tu calvario, y bajando contigo a tus infiernos, para limpiarte el ataúd en el que yaces en vida. De hecho, mientras escribo estas líneas atravieso mi propio infierno de soledad, rechazo y aislamiento, aunque puede que eso, lejos de consolarte, te duela aún más. Pero créeme si te digo que resucitaremos juntos y seremos testigos de la Luz, porque, en los momentos más duros, Dios salva. Confía. Sufre confiando en que Dios está en medio de tu dolor, sosteniéndote. Aunque te consumas, Dios está ahí, sufriendo contigo. Llórale, grítale, clámale. Dile que no puedes más. Él te escucha como nadie y, aunque no lo veas, está ya obrando.

Un abrazo en el dolor,

Juan

Nota de privacidad: En estas páginas aparecerá Clara, nombre ficticio usado para preservar la identidad de terceros. He ajustado algunos datos (fechas, escenarios, rasgos) para que nadie pueda ser identificado.

PRIMERA PARTE

LA HISTORIA DE RAMÓN

1. Una infancia con grietas invisibles

Ramón nació el 4 de agosto del año 2000 en San Sebastián. Su casa estaba en la Parte Vieja de la ciudad, por lo que podía oler el mar y escuchar el ruido de las olas cuando daban al Paseo Nuevo. Era un tercer piso sin ascensor, decorado sin pretensiones. Desprendía un aroma a aceite listo para freír la comida o la cena. Era una casa sencilla de gente sencilla, pero era simple y llanamente eso, una casa, no un hogar. No había un verdadero intercambio de emociones, ni espacios donde mantener una conversación más allá del rendimiento académico. Allí se aprendía a madrugar, a no quejarse y a dejar la mesa impecable. Lo que nunca se enseñaba era a preguntar: «¿Cómo te sientes?». Daba la impresión de que sentir estaba mal. Y el dolor solo existía cuando se veían heridas que curar con Betadine.

Ramón era el hijo mayor de una familia compuesta por cinco miembros. Su padre, de nombre Diego, era un hombre de pocas palabras y manos ásperas por su trabajo en la fábrica en Morlangas. Su madre, Teresa, era una mujer incansable que cronometraba los minutos entre el trabajo, la compra y la lavadora.

Cinco años después del nacimiento de Ramón llegaron los gemelos, Hugo y Alejandro, con los que Ramón mantenía una relación normal de hermanos. A veces eran amigos y otras no se podían ni ver, algo que, por otra parte, es bastante habitual entre hermanos.

Ramón era un niño diferente a los demás. Nunca le había faltado de nada (ni juguetes, ni alimento, ni ropa), pero desde muy pequeño sentía que el mundo le pesaba más que al resto. A los seis años descubrió que un «no» de la profesora dolía más que una caída en el patio y a los ocho comprendió que no todas las lágrimas encontraban acogida. Su santuario era el parque de enfrente, un rectángulo de césped áspero donde su padre le pasaba el balón los sábados por la tarde. Diego casi nunca reía, pero cuando Ramón improvisaba un gol entre dos mochilas, su padre levantaba el pulgar en señal de aprobación, y eso Ramón lo interpretaba como el gesto máximo de amor paterno que podía recibir. Aquel gesto valía por todos los abrazos que ninguno de ellos sabía dar.

Ramón creció convencido de que llorar era un lujo, y sentir demasiado, un pecado. Aprendió a esconder los temblores del corazón como quien guarda cromos repetidos: bajo el colchón, doblados para que nadie los viera. A veces, de noche, escuchaba el goteo del grifo de la cocina y lo imaginaba como un compás que marcaba el ritmo de una tristeza imposible de nombrar.

2. Adolescencia: redes sociales y espejos rotos

La adolescencia de Ramón no empezó de golpe, sino como algo que se fue colando en su día a día. Primero su voz se volvió inestable, luego apareció el acné, y de pronto todo empezó a girar en torno a la imagen. Fue justo cuando Instagram despegó, y para él se convirtió en un cruel espejo diario. Abría la app y veía a otros chicos con abdominales, viajes, novias, sonrisas perfectas... Él, en cambio, era delgado, algo encorvado y no muy bueno delante de una cámara. Subía una foto y, si no llegaba a cien *likes*, la borraba. Y no porque alguien se lo exigiera, sino porque había aprendido que valías lo que te validaban.

Empezó a imitar las poses de los demás: sonrisas forzadas, filtros que afinaban todo, y frases copiadas, en un intento de parecer «normal». Pero «normal» era una meta que siempre se movía unos pasos más allá.

En el instituto encontró una estrategia: el humor. Se convirtió en el gracioso del grupo. Siempre tenía una broma rápida, un meme a punto. Eso lo mantenía a salvo. Si los demás se reían, nadie preguntaba cómo estaba y eso le venía bien, porque tampoco sabía responderse a sí mismo. Su inseguridad iba por dentro, tapada por risas.

Así iba tirando, hasta que apareció María. Era una chica nueva, de intercambio. Tenía una forma rara y bonita de estar: escribía en libretas con pétalos secos pegados, recitaba a Lorca sin mirar el libro y hablaba con una calma que descolocaba. Una vez, en clase de Literatura, dijo: «La poesía no sirve para entender la vida. Sirve para sobrevivirla». A Ramón esa frase se le quedó grabada, y aunque no sabía explicar por qué, algo le hizo clic por dentro.

Empezó a buscar excusas para acercarse a María. Le prestó un boli que no funcionaba (solo para tener que pedírselo después), le ofreció apuntes de Historia (aunque no eran buenos), y hasta aprendió tres acordes con la guitarra, soñando con cantarle algo algún día (nunca lo hizo). Con María descubrió una emoción nueva que no sabía ubicar. Le ardía el pecho cada vez que ella lo miraba y se le congelaba cuando la veía hablando con otro. Era raro. Dolía, pero no quería que se le pasara.

Y entonces llegó Hugo. Universitario, con moto y todo eso. Empezó a recoger a María a la salida del instituto y se la llevaba sin decir palabra. Ramón se hizo el indiferente. En el grupo soltaba frases tipo «era obvio» o «le van los malotes», y los demás se reían. Pero luego en casa se quedaba en silencio y por las noches se abrazaba a la almohada como si fuera alguien, y se imaginaba cómo habría sonado aquella canción si se hubiera atrevido a tocarla.

Poco a poco comenzó a venirse abajo. No de golpe, sino a trocitos. No pensaba seriamente en hacerse daño, pero sí en desaparecer un tiempo, solo para ver si alguien lo notaba. Algunos días se mordía el brazo para sentir algo concreto, porque el dolor que le corroía por dentro no tenía forma. Era una mezcla de vacío, rabia, tristeza, cansancio. Y no sabía explicarlo.

Lo más duro era que nadie lo veía. Las profesoras decían que era muy maduro para su edad y los compañeros lo buscaban para echarse unas risas. En Instagram sus seguidores no cesaban de aumentar, pero nadie notaba que Ramón se estaba aguantando a sí mismo a duras penas.

Había aprendido a esconderse detrás de una sonrisa, a ser funcional sin estar bien y a sobrevivir sin contar lo que sentía. Y eso, aunque no saliera en ningún parte médico, también era una herida.

3. La enfermedad de su padre: el terremoto

Cuando Ramón tenía dieciséis años, su casa dejó de ser un sitio predecible. Su padre, Diego, comenzó a manifestar algunas torpezas que al principio parecían sin importancia: se le caían las cosas, arrastraba un poco los pies y hablaba con voz algo más apagada. Lo achacaron al estrés, al trabajo, a la edad, pero pronto los síntomas se multiplicaron. En poco tiempo dejó de poder abrocharse la camisa y, algo más delante, ya no podía sostener el tenedor. El diagnóstico del neurólogo fue claro, casi brutal: Diego tenía ELA. Nadie sabía muy bien lo que implicaba hasta que comprobaron que las pérdidas iban aumentando: los gestos, la voz, la movilidad. La enfermedad avanzaba sin pausa, como una tormenta que lo empapaba todo. La casa cambió. La familia también.

La madre de Ramón se convirtió en una especie de sargento agotado: lo gestionaba todo, organizaba, daba instrucciones, y ya no hablaba de nada que no fuera práctico. No era frialdad, sino autodefensa.

Tenía que aguantar, y la mejor manera era no detenerse a contemplar el derrumbe. Los gemelos se refugiaron en los videojuegos, en los cascos, en todo lo que ayudara a no pensar. Y Ramón, bueno, Ramón quedó en medio. Era el que ponía su voz cuando su padre ya no podía, el que rellenaba los silencios en las comidas, el que trataba de que aquello siguiera siendo una familia. No lo hizo porque se lo pidieran, simplemente pasó. Y él lo aceptó, sin saber bien a qué precio.

Su vida social se fue apagando lentamente. En una primera etapa, intentó mantener el ritmo: quedaba los viernes, contestaba mensajes, se reía en los grupos. Sin embargo, cada vez que salía no podía dejar de pensar en si su padre estaría bien o le habría pasado algo, o en si su madre necesitaría ayuda. Y así fue diciendo que no: que hoy no podía, ni mañana tampoco, que tal vez la semana que viene. Inicialmente, los amigos lo entendieron, pero luego llegaron las bromas («eres un abuelo», «nunca sales»); después, los emojis vacíos, y al final, el silencio. Ramón se fue quedando fuera de los planes sin que nadie se lo dijera directamente. Poco a poco, dejaron de contar con él.

Hubo un intento, una vez, de explicar lo que pasaba. Lo habló con uno de sus amigos más cercanos, uno con el que había compartido veranos enteros. Le dijo que no era que no quisiera salir, sino que estaba agotado porque en casa no había descansos. Su amigo escuchó, asintió e incluso le dijo que le entendía, pero no volvió a insistir ni a escribir. Y no es que lo hiciera con mala intención, es que no sabía cómo estar. Y eso a Ramón le dolió más que si le hubiera dado la espalda con un portazo.

Fue aprendiendo que, cuando las cosas se ponen difíciles, la gente no siempre se queda. Y no es porque no te quieran, sino porque no saben qué hacer contigo. No saben acompañar el cansancio, la tristeza, ni una responsabilidad que parece que no encaja con los dieciséis años.

En el caso de Ramón, algunos se alejaron sin decir nada. Otros, en cambio, dejaron caer frases que se le quedaron clavadas: «Te estás cerrando mucho»; «tú no puedes hacerte cargo de todo»; «tampoco es para tanto». La que más le dolió fue una que escuchó en un pasillo: «Ramón es buen chaval, pero últimamente está en otra onda».

Sí, estaba en otra onda. Estaba en una casa donde había que girar un cuerpo adulto cada tres horas; donde los turnos se organizaban en una pizarra; donde se aprendía a leer la mirada porque la voz ya no salía; donde no quedaba espacio para hablar de cosas normales. Y en esa otra vida, Ramón se iba quedando sin espacio para su gente.

Los fines de semana, que antes eran de fútbol, cine y cenas, se convirtieron en momentos para cuidar: limpiar la sonda, leer en voz alta, masajear las piernas. Se transformó en un experto en cosas que nadie de su edad hacía, y eso amplió la distancia, aunque no quisiera. Aunque le doliera.

Algunos intentaron ayudar. Le escribían una vez al mes y le preguntaban si necesitaba algo, pero seguían sin saber cómo quedarse. Ninguno le dijo: «Estoy contigo en esto», y nadie volvía a insistir cuando él decía que no podía. Como si su «no» hubiera dejado de significar «no hoy», y se hubiera convertido en un «no para siempre».

Y eso lo dejó roto, no solo por la enfermedad de su padre, que ya era suficiente, sino por la certeza de que su mundo anterior —sus amigos, su vida social, su lugar entre los suyos— se estaba apagando. Ramón percibía que se había vuelto incómodo, invisible y demasiado complicado para los demás.

Pese a todo, no culpaba a nadie. No sentía odio, sino una tristeza y una sensación de pérdida que no podía nombrar porque no venía de una ruptura ni de una pelea. Era ese tipo de alejamiento que no tiene drama, pero que deja un silencio enorme. Lo que más le dolía, en el fondo, no era estar solo, sino que nadie supiera cómo permanecer a su lado.

4. La fe herida

Durante años, la fe había sido algo tranquilo en la vida de Ramón. Estaba ahí, como el pan en la mesa o el perchero en la entrada. No la cuestionaba. Iba a misa con su madre los domingos, se santiguaba antes de dormir, recordaba con cierta ternura su primera comunión. Tenía gestos, rutinas, y cierta confianza en que Dios estaba cerca aunque no hablara mucho con Él. Pero todo eso cambió cuando la enfermedad de su padre se convirtió en el centro de la casa. No hubo un momento exacto, una frase, un día clave, sino un desgaste lento, una erosión.

Ramón seguía yendo a misa porque su madre insistía. Se distraía contando lámparas, calculando cuántas personas habían comulgado o pensando en otras cosas. Y mientras en su interior la llama se apagaba, las dudas se avivaban. ¿Por qué Dios no hacía nada? ¿Por qué permitía aquello? ¿Por qué no aliviaba la situación, aunque solo fuera un poco? Ya no esperaba un milagro de película, pero sí anhelaba un signo, aunque fuera pequeño: un gesto, un descanso, una señal de que no estaban siendo olvidados.

Le costaba mirar el crucifijo de la cocina. Estaba ahí desde siempre, colgado sobre la puerta. De madera oscura, brillaba por el vapor de tantos guisos. De niño lo miraba con respeto; le gustaban sus vetas de madera, su forma. Ahora lo evitaba. Desviaba la vista al pasar o se agachaba a coger cualquier cosa del suelo, porque si lo miraba, sentía que tenía que decirle algo, y no sabía qué, ni cómo, ni si quería.

Una noche, después de una jornada especialmente dura —su padre había estado a punto de atragantarse, la cama se había manchado entera, su madre había roto a llorar en la cocina creyendo que nadie la oía—, Ramón se quedó solo en el salón. Apagó la luz, se sentó en el sofá y miró hacia el crucifijo. Era tarde y todo estaba en silencio. Fuera llovía. En ese momento, algo se resquebrajó en su interior. No gritó, no lloró, no dijo nada teatral. Solo murmuró en voz baja, casi sin abrir la boca: «¿Para qué sirves?». Lo dijo con cansancio, como quien hace una pregunta que sabe que nadie va a responder.

A partir de entonces, dejó de rezar. No fue una decisión premeditada, pero no le salía. No quería hablar con Dios. Rezar le parecía inútil. Cuando pensaba en

Él, sentía una mezcla rara de desconfianza y nostalgia, como si recordara algo que una vez le había hecho bien, pero ahora ya no servía. Seguía yendo a misa con su madre, seguía poniéndose de pie, arrodillándose y repitiendo las respuestas, pero por dentro estaba muy lejos. Escuchaba el Evangelio como quien oye un idioma que en el pasado ha entendido, pero ya no recuerda.

Una madrugada de diciembre, fría, después de un largo turno ayudando con su padre, salió a la terraza a respirar aire puro. El barrio dormía. Las luces de Navidad parpadeaban en los balcones. Cerró los ojos y dejó que el aire helado le golpeara la cara. No pensó en nada concreto. No rezó. Se limitó a susurrar unas palabras que no sabía muy bien de dónde surgían: «Estoy aquí». Tampoco sabía a quién iban dirigidas. Tal vez a Dios, tal vez a sí mismo. Pero fue una afirmación honesta. Sintió que era lo único verdadero que podía decir.

A partir de entonces, esa frase se volvió una costumbre. Cuando se sentía vacío, la repetía en silencio: «Estoy aquí». No era una oración, no pedía nada. Solo afirmaba su existencia, su presencia, su resistencia. Y eso bastaba.

Su fe no desapareció del todo, aunque tampoco volvió. Se quedó suspendida, en pausa. Seguía sin odiar a Dios, pero no confiaba en Él. No quería acercarse. No quería escuchar teorías, ni frases hechas, ni explicaciones. Quería aire. Quería descanso. Quería que alguien —aunque fuera Dios— le dijera que no pasaba nada si no creía por un tiempo, que no hacía falta fingir.

Y en ese silencio, en ese «no puedo más», en ese «no entiendo nada», Ramón se mantuvo en pie. Sin rezos, sin certezas, sin paz, pero en pie. Y eso también era una forma de fe, aunque él no lo supiera.

5. Universidad: amores rotos y cicatrices abiertas

Cuando llegó la carta de admisión a la Universidad Complutense de Madrid, pareció que por fin la vida se movía en otra dirección. Además de la perspectiva de hacer una carrera universitaria, su horizonte se amplió. Podía salir de casa, escapar un poco del peso, tener un respiro sin tener que pedirlo. Hizo la maleta con pocas cosas y muchas ganas. En realidad, más que una maleta era una mochila con ropa, un par de libros, su cuaderno de apuntes y una necesidad urgente de libertad.

El primer día en la residencia se le quemó la tortilla en el microondas por meterla envuelta en papel de aluminio. Saltó la alarma, los pasillos se llenaron de humo y se ganó su primer mote, «el del fuego». Pero a pesar del desastre, respiraba.

Madrid era otra liga. En clase no conocía a nadie. Mientras los demás hacían grupo, encajaban, se movían y bromeaban, él observaba. Siempre había sido así: necesitaba leer el ambiente antes de lanzarse. Lo que sí notó pronto fue que allí nadie lo miraba con pena. Desconocían lo que había detrás y no tenía que explicar por qué no respondía al WhatsApp, o por qué no salía de fiesta, o por qué en ocasiones parecía desconectado. Indudablemente, eso le daba cierta libertad. Por primera vez en años, se sintió un estudiante más.

En un seminario incluso se atrevió a hablar cuando un chico dijo que la esperanza era cosa de ingenuos. Entonces, Ramón levantó la mano y soltó una frase que no había planeado: «La esperanza no es un lujo, es una necesidad». No fue una genialidad, pero toda la clase se calló. Alguien le dio la razón. Se sintió visto. No compadecido, visto. Y eso ya era mucho.

Conoció a Irene en ese mismo seminario. Era rápida, graciosa, algo caótica. Improvisó una presentación rapeando teorías de comunicación, y a todos les pareció brillante. A Ramón también. Empezaron a hablar, no mucho, pero lo justo para que él sintiera que quería más.

No supo en qué momento ella comenzó a gustarle. Tal vez fue cuando le tocó el brazo sin darse cuenta, o cuando se rio fuerte en mitad de un silencio incómodo. Con ella todo parecía fácil y eso le dio miedo. No quería romper con una declaración lo poco que tenían, y no tenía claro si ella sentía algo por él, así que se contentó con buscar excusas para estar a su lado.

Un día, después de una entrega, la acompañó al metro. Hablaron de los trabajos de la universidad, de canciones, de la vida. De repente, ella se quedó mirándolo, bajó la vista y dijo: «Ramón, tú eres muy especial, pero no creo que pueda estar cerca de lo que llevas». Lo dijo así, con una ternura que desarmó a Ramón y le dolió aún más. Él asintió. Lo había entendido. No era rechazo hacia él, sino miedo a todo lo que arrastraba.

Después vino Laura. La conoció en la biblioteca. Estudiaba Medicina. Le gustaba subrayar con cuatro colores distintos y se reía en voz baja. Ramón experimentaba mucha paz a su lado. Le habló de su padre, de la enfermedad, de lo que significaba vivir entre turnos, sueros y camas articuladas. Ella escuchó con atención, le cogió la mano y admiró su fortaleza. Durante unos días, Ramón pensó que esta vez sería distinto y que alguien por fin decidiría quedarse. Pero entonces, una noche, Laura le mandó un mensaje: «No estoy preparada para sostener esto», y desapareció.

Nunca llegó a salir con ninguna de las dos. No hubo citas formales, ni fotos juntos, ni historias de Instagram. Fueron únicamente momentos sueltos que casi parecieron algo, pero siempre faltaba un paso. Siempre aparecía un freno que no dependía de él.

Y Ramón seguía sin sentir rabia, empapado de la tristeza de saberse valioso, pero no elegido. Tenía la certeza de que no era que no gustara, sino que su vida asustaba porque implicaba cuidados, silencios, profundidad. Y eso, a ciertas edades, espanta.

Intentó no cerrarse. Siguió hablando con gente y saliendo cuando podía, pero algo dentro de él se fue endureciendo, como una especie de capa de protección. Aprendió a no esperar, a no ilusionarse rápido y a no analizar demasiado los gestos. En definitiva, a caminar con cuidado.

En medio de todo eso, el voluntariado en una residencia de ancianos le dio un espacio donde ser él sin demasiadas vueltas. Allí conoció a doña Pilar, una expianista que le pedía que le leyera noticias económicas para reírse de los bancos. Y a don Aurelio, que nombraba estrellas aunque fuera de día. Con ellos se sentía útil, no por lo que podía ofrecer, sino por cómo le escuchaban. Iba cada martes. Era uno de los pocos momentos de la semana donde no tenía que demostrar nada.

Se puso a escribir de nuevo. No un diario, ni poesía; tan solo frases sueltas, ideas que necesitaba sacar de su cabeza. Fue algo así como una manera de ordenar el desorden. A veces escribía sobre Irene, otras sobre Laura, otras sobre la sensación de caminar por una ciudad donde todo el mundo parecía tener un plan, menos él.

Madrid no le curó, pero le dio espacio. Le permitió tomar distancia, volver a pensarse, descubrir que no necesitaba ser comprendido por todos. Se dio cuenta de que podía seguir adelante aunque algunos no le entendieran, y que el amor, aunque no llegara como él soñaba, no dejaba de tener un valor inmenso.

A pesar de que seguía volviendo a casa cada dos fines de semana, y cada llamada con su madre le recordaba que el tiempo no se detenía, Ramón aprendió a sostenerse en lo pequeño: una conversación sincera, una clase en la que alguien le escuchaba, una noche sin miedo.

6. La muerte de los abuelos: aprender a decir adiós

La muerte del abuelo Julián llegó sin dramatismo. Fue un lunes, mientras estaba regando tomates. «Ramón, ha sido un infarto fulminante. Ha sido muy rápido, no ha sufrido», le explicó su madre por teléfono. Ramón estaba en Madrid, entre apuntes y cafés fríos. «Voy mañana», anunció, y colgó. Se quedó un rato mirando la taza sucia sobre el escritorio, como si fuera lo único estable en medio del ruido.

El velatorio fue como tantos otros: coronas, sillas plegables, café de máquina y frases repetidas que nadie sabía si consolaban o solo rellenaban los huecos. No lloró. Saludó a primos, abrazó a tíos, recibió palmadas en la espalda y se mantuvo entero. Fue al día siguiente, al entrar en la habitación del abuelo y encontrarse con su pijama doblado sobre la cama, cuando se derrumbó. Aún olía a su colonia barata y a humo de picadura. Se sentó en la mecedora donde el abuelo dormía las siestas, y entonces sí, se le vino todo encima. Lloró sin hacer ruido, sin moverse, como si no quisiera molestar ni a los vivos ni a los muertos. Lloró por el abuelo, por su padre, por todo lo que se estaba yendo sin pedir permiso.

Julián había sido un refugio sin aspavientos. Le había enseñado a silbar, a distinguir un tomate bueno por el tacto, a dormir con los ojos entreabiertos, «por si pasaba algo». Nunca le había dicho «te quiero», pero siempre le guardaba la última croqueta, y eso también era amor. Ahora se había ido así, de golpe, sin aviso ni despedida.

Antes de volver a Madrid, Ramón bajó a la huerta. Se sentó en el banco donde tantas veces habían compartido silencios y pensó: «Te voy a cuidar lo que me enseñaste». Y no era una frase bonita: era un compromiso.

Seis meses después, volvió a sonar el teléfono. La abuela Carmen se estaba muriendo. En su caso no fue un golpe fulminante, más bien un desgaste lento. Primero olvidaba las llaves, luego confundía el azúcar con la sal, y más adelante, los días, los nombres. Ramón iba a verla siempre que podía. A veces ella le llamaba Julián, a veces nadie. A veces solo le miraba. Un día, por puro impulso, le silbó la canción «Un beso y una flor», y durante unos segundos, sus ojos se aclararon. Como si volviera. Como si lo recordara. A Ramón le bastó con eso.

Estuvo con ella la última noche. Le leyó el salmo 23 desde el móvil: «Aunque camine por cañadas oscuras, nada temo, porque tú vas conmigo»... Lo recitaba sin fe, como quien acompaña porque no sabe hacer otra cosa, pero justo al terminar sintió algo. No era consuelo, ni emoción, ni respuesta. Simplemente, un pellizco, como si alguien —no ella— le hubiera escuchado. Y no supo qué hacer con eso.

Después de los funerales, los días fueron raros. Volvió a clase, pero no atendía. Caminaba por Madrid sin rumbo, sin auriculares. Se quedaba en la biblioteca hasta tarde sin tocar los libros.

Una noche entró en una iglesia abierta porque llovía. Se sentó en un banco del fondo. No rezó. No pensó. Únicamente se dejó estar. Y por primera vez en mucho tiempo, no se sintió observado ni juzgado, sino en paz con no tener nada que decir.

Unos días después, un compañero de clase le habló de un retiro de silencio de los jesuitas. «No es lo que piensas, no hace falta creer», le dijo. Ramón no contestó, pero la frase se le quedó rondando. A las pocas semanas, sin contárselo a nadie, se apuntó.

El retiro se celebraba en una casa antigua rodeada de árboles altos. Participaban veinte personas, todas con la misma cara de «no sé qué hago aquí». El primer día fue incómodo para Ramón; el segundo, peor; el tercero, algo se aflojó. Comenzó a caminar sin mirar el reloj, a comer sin prisa, a no hablar y no sentirse raro por ello. Una de esas mañanas se sentó frente a un lago. El agua estaba inmóvil, él también. Y entonces, una pregunta resonó claramente en su interior: «¿Qué quieres que haga por ti?». Se quedó en blanco. Pensó en su padre, en su madre, en lo que ya no estaba, pero no supo qué pedir. No quería milagros, ni siquiera explicaciones. Cerró los ojos y dijo en voz baja: «Solo que no me sueltes». Eso fue todo. No hubo luz, ni lágrimas, ni revelación. Y sin embargo, desde ese instante algo se recolocó dentro de él. No era una fe fuerte, ni clara, ni resuelta, pero ya no le pesaba como antes. No tenía que cargarla, solo dejarla estar.

Cuando volvió a casa, nada había cambiado. Su padre seguía sin hablar y su madre escribiendo listas; sin embargo, y a pesar de que la «mochila» seguía llena, Ramón ya no se sentía completamente solo. No sabía muy bien qué nombre ponerle a eso, ni tampoco lo necesitaba.

7. Regreso al hogar y promesa de futuro

Regresar a casa después del retiro fue raro. No es que la casa hubiera cambiado, sino que Ramón ya no la veía igual. Su padre continuaba allí, en la habitación grande, rodeado de máquinas; su madre hacía lo que podía, siempre con el ceño fruncido; los gemelos, para variar, no se quitaban los cascos, cada uno a lo suyo. Todo estaba como siempre, pero a Ramón no le dolía como antes. Ahora que había dejado de esperar milagros y resultados, lo importante era su presencia. Estar. Cuidar. Y, si se podía, resistir con algo de dignidad.

Se propuso ir a casa más fines de semana. Ya no lo vivía como una obligación ni como una huida de Madrid, sino como lo que era: una responsabilidad asumida y una forma de estar con los suyos. Es cierto que no hablaban mucho y que cada uno tenía su propia forma de aguantar, pero algo se fue ablandando. Ramón dejó de fingir que estaba bien todo el tiempo; y poco a poco, su madre también.

Un sábado por la noche, después de acostar a Diego, salieron a la terraza. Era verano. Hacía calor. Se sentaron sin hablar. Y de pronto, ella dijo, sin mirarlo: «A veces pienso que no voy a poder más». Ramón no contestó. Le apoyó la mano en el hombro y ella no se apartó. Fue la primera vez en mucho tiempo que compartían el mismo cansancio sin tener que disfrazarlo.

Con sus hermanos ocurrió algo similar. Se reían más juntos, hacían bromas tontas, discutían a ver quién calentaba la cena. Ramón ya no se sentía tan raro con ellos. Para él, habían dejado de ser los «hermanos pequeños que no entienden nada»; había comprendido que ellos estaban heridos a su manera, aunque solo lo expresaran mediante silencios o videojuegos.

Cuidar a su padre seguía siendo duro, porque no era fácil mover su cuerpo y las rutinas no perdonaban: cambiar las sábanas, controlar la medicación, estar todo el día con él y atender montones de tareas insignificantes que alguien tenía que hacer. ¿Por qué, entonces, Ramón ya no lo veía como una condena? Quizá porque se había dado cuenta de que era una forma callada de amar, un idioma propio entre él y su padre. Algunos días le leía noticias de fútbol, otros se sentaba a su lado, sin decir nada, o usaban el lector ocular. Pero a menudo bastaba con el silencio, con la mera presencia, con un parpadeo o una historia contada para nadie. Y eso también era compañía.

Una noche de agosto, cuando la enfermera se fue y la casa se quedó en calma, su madre salió a la terraza con él y los gemelos se les unieron. Los tres hermanos se sentaron en el suelo, con una bolsa de gusanitos en medio. Espontáneamente brotó una conversación sincera, largo tiempo acallada. Hablaron del futuro, de la enfermedad, del dinero que no alcanzaba a cubrirlo todo, del miedo a qué pasaría si faltaba alguno... Lloraron los cuatro y esas lágrimas no se vivieron como un fracaso. Fue como si el llanto hubiera estado esperando permiso desde hacía años.

Después de eso, no cambió nada significativamente, pero hablaron mejor y se escucharon distinto. Descubrieron que compartir el dolor no lo resolvía, pero lo hacía más llevadero.

El sábado siguiente, Ramón, que estaba ordenando las cañas de pescar del abuelo, abrió una caja de herramientas y encontró un cuaderno viejo. Dentro había frases subrayadas, copias de poemas, pensamientos sueltos. Y en la última página, Julián había escrito: «La alegría es la forma adulta de la esperanza». Ramón cerró el cuaderno, lo acarició y pensó que había encontrado algo que valía la pena guardar.

Esa noche escribió la frase en la pared de su escritorio, justo encima del flexo. No como lema, sino como recordatorio, como promesa. Y a pesar de que la vida seguía rota en muchos aspectos, tuvo la impresión de que su interior se fortalecía.

8. Epílogo: un corazón que sigue latiendo

Ramón terminó la carrera sin fuegos artificiales. Recogió el título, abrazó a algunos compañeros, sonrió en las fotos. No era una alegría explosiva, era alivio, como quien sube una montaña sin saber si le quedan fuerzas y, al llegar arriba, no celebra, solo respira. Eso fue graduarse. Respirar. Después de años sosteniendo a su familia, cuidando a su padre, estudiando con la cabeza a medias y sobreviviendo al silencio de Dios, terminar la universidad fue como llegar a una playa tras nadar en la oscuridad. No se sentía exitoso, pero sí entero.

Poco después, consiguió un trabajo en un centro de apoyo a familias con enfermedades neurodegenerativas. No era su vocación soñada, pero sabía perfectamente a lo que se enfrentaban porque lo conocía desde dentro. Había vivido ese cansancio que no se ve, esas noches interminables, esas conversaciones en las que se hablaba poco, o mucho, o nada, pero había que estar ahí.

En su primera reunión con un grupo de cuidadores, se presentó sin disfraz. Contó cómo le leía el periódico a su padre, cómo se comunicaban con parpadeos, cómo muchas veces simplemente se sentaba a su lado, sin más. No intentó parecer fuerte ni especial, sino decir la verdad. Terminó su intervención murmurando pensativamente: «No tenemos que hacerlo todo bien. A veces, con estar es suficiente». Algunos lloraron, otros asintieron, y por un momento, todos respiraron de otra manera. El dolor seguía ahí, pero alguien, al fin, había dicho en voz alta lo que tantos sentían.

Ramón seguía teniendo heridas. Todavía había noches de insomnio, días en los que la tristeza llegaba sin explicación, preguntas sin respuesta. A menudo le asaltaba esa sensación antigua de no ser suficiente para que alguien se quedara, pero ya no se escondía. Sabía que todo eso formaba parte de su historia, y que su historia tenía valor. No era un problema que ocultar, sino un lugar desde el que amar mejor.

Y así, sin hacer ruido, volvió Dios. No como antes, ni como una certeza fácil, sino como Alguien que siempre había estado. Quizá no había respondido a sus gritos, pero tampoco le había soltado. No había evitado la caída, pero se había sentado a su lado. Ramón no volvió a rezar con fórmulas, sino con frases sueltas: «Gracias por hoy», «hazte presente», «no te vayas ahora». Le bastaba con su compañía, con sentirle cerca, no como una idea, sino como una persona viva.

Tuvo la certeza de que Jesús había caminado con él entre camas y pasillos, que había estado junto a él en la terraza cuando su madre lloraba, que le había hecho esa pregunta clara frente al lago: «¿Qué quieres que haga por ti?». No había sabido responder entonces, pero ahora lo tenía claro: lo que quería era no sentirse solo. Y en algún momento, sin que Ramón supiera exactamente cuándo, ese deseo comenzó a cumplirse.

A finales de año, fue una tarde al banco del parque donde de niño solía jugar con su padre. Llevaba una vela en la mochila. La sacó, la encendió y se sentó sin prisa, sin reloj, sin mirar el móvil. Pensó en Julián, en Carmen, en Diego. Pensó en todo lo que había perdido, y también en todo lo que aún podía llegar. Sentía frío en las manos, pero no en el corazón. Le invadió una profunda quietud, sin euforia, sin estridencias, solo un latido limpio. Como si, por fin, pudiera vivir sin tener que protegerse todo el tiempo.

Miró al cielo. Distinguió dos estrellas titilantes. Pensó que podían ser sus abuelos, o tal vez no, pero sonrió igual. Y mientras este corazón siga latiendo, se dijo, no habrá herida que no pueda llenarse de luz.

SEGUNDA PARTE

20 CARTAS PARA PONERLE NOMBRE AL DOLOR

CARTA I

¿Quién soy yo para escribirte esto?

Querido Ramón:

Hoy quiero contarte mi historia, no para que me admires, ni para que pienses que soy fuerte, ni siquiera para darte una lección, sino para que sepas lo que he vivido, porque sospecho que, en el fondo, compartimos dolores parecidos, y porque sé que muchas veces lo único que puede ayudarnos es escuchar a alguien que ha caminado por el mismo valle de sombras.

Nací prematuro el 30 de septiembre de 1999. A los tres días de vida, los médicos me enviaron a casa, pero algo no iba bien: me apagaba y mi piel adquiría un tono amarillo muy intenso. Mis padres me llevaron a Urgencias y el diagnóstico fue brutal: hiperbilirrubinemia grave. La bilirrubina había afectado a todo mi organismo, incluido el cerebro. Me practicaron un recambio total de sangre, pero el daño ya estaba hecho. Un error médico —reconocido judicialmente— me dejó marcado para siempre. El fallo está perdonado, pero sus consecuencias siguen aquí.

La lesión derivó en una parálisis cerebral con apellido: tetraparesia distónica. Mis músculos se tensan, sobre todo los del cuello y el brazo izquierdo, que a veces parece colgar como una pata de pollo. Tengo un 78 % de discapacidad física. Lo digo sin dramatismo: es un dato. Detrás de ese número hay fisioterapia diaria, dolor muscular, dificultad para escribir, hablar, moverme, vestirme; en definitiva, para hacer todas esas cosas sencillas que otros hacen sin pensar.

También hubo muchos avisos catastróficos y etiquetas: «No podrá leer», «no podrá estudiar en un colegio normal», «no podrá caminar solo», «no podrá vivir de forma independiente». Y sin embargo, aquí estoy, Ramón, graduado en Trabajo Social, viviendo solo por primera vez, intentando hacer la compra, limpiar el baño y, a veces, llorando porque no llego al armario de arriba. Pero estoy vivo, y doy gracias.

No te diré que todo ha sido fácil. Ser distinto te expone a miradas raras, burlas y condescendencia; también a una soledad muy concreta, no solo física, sino existencial. Me he sentido de todo: invisible, un estorbo, un alma rota que necesitaba ser abrazada sin condiciones. Y, en ese deseo de amar y de ser amado, he sufrido mucho, porque el corazón no tiene parálisis, y el mío ha amado y ama con todas sus fuerzas.

Tuve y tengo grandes amigas, y amigos también. Algunas de mis amistades han terminado por procesos naturales, o porque hemos seguido caminos distintos, o por heridas que no hemos sabido gestionar. Y aunque los finales pueden ser dolorosos, sé que cada una de esas personas ha sido un regalo para un tiempo concreto de mi vida. Recuerdo con especial cariño cuando fui a Fátima y descubrí que Jesús también me hablaba a través de las sonrisas humanas. Hoy sigo agradeciendo lo que fue, sin quedarme anclado en lo que ya no es.

Lograr caminar sin ese apoyo —y con mis propias dificultades para sostenerme— ha resultado un proceso doloroso y emocionalmente exigente. Ha sido como abandonar una muleta que me había acompañado durante mucho tiempo. Aun así, he intentado seguir adelante con ayuda de la fe y la oración.

Porque, Ramón, yo creo de verdad. Mi vida sin Jesús no tendría sentido, pero reconozco que mi fe ha atravesado muchas tormentas. He gritado, como Cristo: «Dios mío, Dios mío, ¿por qué me has abandonado?». He vivido silencios, noches sin respuesta y momentos de gran confusión, así como otros de consuelo, luz, fuego, y amor. Jesús ha estado conmigo en todo; lo sé, lo siento. Lo he visto en los ojos de quienes me han cuidado, en canciones que me han envuelto como un abrazo, en la Eucaristía cuando sentía que yo no tenía nada más que ofrecer... ¿Y sabes, Ramón? El Señor nunca se ha alejado de mí. Aunque parezca dormir, como en la barca durante la tormenta en el mar de Galilea, Él está siempre ahí.

He conocido grupos maravillosos. Cafarnaúm, por ejemplo, surgió de una intuición profunda que el Señor me regaló: crear un espacio donde personas con discapacidad pudieran encontrarse de verdad con Jesús, sin postureo ni maquillaje. Empezó como un sueño y fue tomando forma poco a poco. Hoy es un lugar de milagros. He organizado retiros, he sido testigo de conversiones y confidente de sufrimientos profundos. Y cada día confirmo que los pequeños, los rotos, los pobres de espíritu, son los favoritos de Dios.

Pero no todo ha sido bonito en este proceso. También he tenido que enfrentarme al miedo al amor, no solo al de pareja, sino al amor como acto de confianza. Cuando una y otra vez te rechazan, te abandonan o se distancian, algo en ti desea rendirse. He llegado a pensar que quizá no he nacido para amar ni ser amado, que no puedo enamorar a nadie, que la vida afectiva no es para mí. En el fondo sé que eso es mentira, ¡pero duele tanto seguir intentándolo!

¿Sabes lo que me ha salvado muchas veces? La comunidad. Tener amigos que no se rinden conmigo: un grupo de hombres y mujeres —Effetá— que me rodea, reza conmigo y me dice: «Juan, no estás solo». Eso, para alguien como yo, vale más que mil terapias.

He tenido pensamientos oscuros, deseos de desaparecer. No me avergüenza contarlo, porque no quiero que este testimonio parezca heroico: quiero que sea verdadero. He estado muerto por dentro, pero he resucitado, y no por mérito propio, sino porque Dios vino a buscarme a mi tumba.

Ramón, te escribo esta carta larga porque sé que tú también luchas. Sé que crees, pero te duele; sé que amas, pero te cuesta; sé que rezas, pero a veces no sientes nada. Bienvenido al club. No estamos solos, y no es una frase hecha.

Jesús está. Tú estás aquí, leyendo esto. Y eso ya es una pequeña resurrección.

Gracias por escucharme.

Con todo mi corazón,

Juan

CARTA II

Explicación de mi dolor

Querido Ramón:

Hoy quiero hablarte del dolor, de ese dolor que nos sacude el alma y nos hace sentir que estamos rotos, sin salida. Quiero contarte mi dolor, que quizá pueda resonar con el tuyo, aunque cada uno tenga su propia forma de existir. Y tal vez al compartirlo podamos encontrar un poco de consuelo y saber que no estamos solos en nuestra lucha.

Este dolor nació de la separación, de perder a una amiga a la que llamaremos Clara, con la que había compartido muchos instantes de mi vida. En un momento dado, la relación cambió y se transformó en algo que no podíamos sostener. Y, a pesar de todo lo que significábamos el uno para el otro, tomamos la decisión de distanciarnos. No fue una decisión fácil ni mucho menos, porque los dos sentíamos mucho amor; en realidad, fue algo doloroso y desgarrador, pero necesario para proteger lo que quedaba de nuestra amistad. Yo no podía seguir dándole espacio a una relación que me hacía dudar y pensar que no podía ser yo mismo.

El distanciamiento me dejó vacío. La ausencia de Clara fue un golpe tan fuerte que me quedé preguntándome si alguna vez volvería a encontrar algo parecido. La sentía como una parte de mí, alguien con quien había compartido no solo risas, sino también momentos de vulnerabilidad, de comprensión y de confianza. Al principio había creído que nuestra amistad era algo irrompible, y que, por encima de todo, sería algo que nos mantendría unidos.

Pero mi dolor fue más allá de la ausencia. Se convirtió en un sentimiento de traición por parte de Dios, en la sensación de que Él me había apartado de algo que Él mismo había unido. Me parecía que —otra vez— estaba perdiendo a una persona maravillosa. Y es que en nuestra amistad había encontrado un espacio donde poder crecer y amar sin ser juzgado por mis circunstancias.

A eso se sumó otro golpe doloroso: una amiga cercana que me estaba apoyando en el proceso de distanciarme de Clara me sugirió que dejara de quedar tanto con ella. No entendí del todo el motivo de su petición, ya que no me parecía que nos viéramos en exceso, ni que yo hubiera sido demasiado pesado para nadie. Sin embargo, sus palabras me llenaron de dudas y desconfianza. Empecé a cuestionar las intenciones de quienes se acercaban a mí, incluso las de quienes decían estar de mi lado. Mis heridas, ya de por sí profundas, se convirtieron en espinas que lastimaban a todos a mi alrededor, aunque yo no quisiera.

Todo esto ocurrió mientras tomaba una decisión importante: vivir de forma independiente. Pensé que la experiencia me ayudaría a crecer, a desapegarme de lo que ya no podía sostener, a encontrarme a mí mismo en la soledad. Pero, en lugar de hallar paz, sentí más dolor. La soledad me envolvió de una manera que no había anticipado, y comprendí lo difícil que era vivir sin el amor y el apoyo que antes me brindaban las personas cercanas. Me vi solo, completamente solo, enfrentado a mis pensamientos, mis emociones y mi lucha interior. El dolor fue tan intenso que ni siquiera podía gritar: «Dios mío, Dios mío, ¿por qué me has abandonado?». Experimentaba un gran vacío, como si estuviera muerto por dentro, como si ya no quedara nada de mí. Y, aunque sabía que el dolor forma parte de la vida, no dejaba de preguntarme si alguna vez sanaría, y si sería capaz de reconstruir lo que se había roto.

Por increíble que pueda parecer, aprendí a vivir con ese dolor. No lo entendía del todo ni mucho menos, pero comprendí que formaba parte de mi proceso. Y seguí adelante.

Ramón, tú también estás pasando por un dolor similar. Sé que tus amigos se han alejado de ti a raíz de la enfermedad de tu padre y que, además, has tenido que distanciarte de una amiga a la que quieres mucho, porque, al igual que yo, no puedes sostener la relación. Déjame que te diga que no estás solo, que yo te acompaño en tu lucha, aunque a veces me cueste ver más allá de mi propio sufrimiento.

Estoy seguro de que podemos aprender juntos a llevar este dolor y a ser capaces de encontrar en él alguna lección, alguna forma de sanación.

Ya verás lo que nos enriquece la mutua compañía.

Con todo mi corazón,

Juan

CARTA III

Discapacidad: Primer dolor

Querido Ramón:

Hoy quiero hablarte de la discapacidad. Quiero hacerlo sin filtros, sin solemnidades, sin disfraces, desde mi verdad desnuda, desde las cicatrices que llevo por dentro y por fuera. También desde la verdad que te atraviesa a ti, la que no siempre sabes cómo nombrar, pero que está ahí cada mañana, cada vez que miras a tu padre y te parece que el mundo se te va a romper entre las manos.

Primero déjame empezar por mí. En mi primera carta te hablé de mi parálisis cerebral, que implica que mi cuerpo no siempre me responde como yo quisiera; que tengo espasmos y rigidez; que me cuesta controlar algunos movimientos; que debo poner el triple de esfuerzo que tú, o cualquier otra persona, para hacer cosas tan básicas como vestirme, escribir o caminar... Mi brazo izquierdo está rígido, siempre tenso, como si el cuerpo no hubiera terminado de entender cómo debería funcionar. Y no es solo eso: también están los comentarios, las miradas, los silencios incómodos...

Ramón, la discapacidad no es únicamente el diagnóstico médico: es lo que los demás proyectan sobre ti. Es sentirte diferente cuando lo único que deseas es pertenecer. Es ver que la gente no sabe cómo tratarte, y ante eso, tú, aunque tengas mil recursos internos, no puedes evitar sentirte menos. Y eso no es victimismo, es la pura realidad. La discapacidad no solo está en el cuerpo, sino en el entorno que no se adapta, en las oportunidades que se cierran, en el amor que se enfría por miedo o ignorancia.

He vivido muchas escenas en las que he tenido que demostrar que valía, que podía, que merecía estar allí, desde la escuela hasta la universidad, desde grupos de amigos hasta ambientes religiosos. He escuchado frases como «es que no sabemos si vas a aguantar» o «mejor no te expongas tanto, no te vayas a frustrar», como si me hicieran un favor al protegerme de lo que, según ellos, yo no podría soportar. Y eso, Ramón, duele más que los calambres, porque no es solo el cuerpo el que se cansa: es el alma.

Ahora, desde mi discapacidad quiero mirarte a ti, porque tú llevas otro tipo de discapacidad, una que no está en tu cuerpo, pero sí en tu casa: la enfermedad de tu padre, ese monstruo llamado ELA que ha sacudido tu vida desde sus cimientos.

No puedo imaginar del todo lo que supone ver cómo tu padre el que fue fuerte, el que te enseñó a montar en bici, el que se reía con tus bromas o te levantaba del suelo cuando te caías, depende cada vez más de ti o de otros. Es una enfermedad que paraliza los músculos, pero no el pensamiento; que encierra a una persona lúcida dentro de un cuerpo que ya no responde. Es una tortura lenta, una injusticia enorme. Y tú, sin quererlo, estás ahí, entre la impotencia y el amor, entre el deseo de salvarlo y la certeza de que no puedes hacer mucho más que estar.

Te han fallado muchos. Algunos amigos se alejaron porque no supieron gestionar tu dolor o porque les asustó enfrentarse a lo que tú vivías, pero tú no te rendiste. Has seguido cuidando, acompañando, sosteniendo, aun con el corazón hecho trizas, y eso te honra más que cualquier título. Has sido hijo, amigo, enfermero, psicólogo, todo a la vez.

Al mismo tiempo, tú tienes tus propias heridas, límites y dudas, pero tienes que seguir cuidando, pase lo que pase. Créeme, comprendo cómo te sientes: estás triste, roto. Te sientes invisible, incomprendido, quizá hasta un poco vacío, y es normal. Nadie nace preparado para sostener el dolor de otro mientras carga con el suyo propio.

Pero ¿sabes qué, Ramón? Lo que vives, por muy oscuro que parezca, no es sufrimiento exclusivamente: también es luz, porque te está enseñando a amar de una forma rara, incómoda, pero absolutamente auténtica. En eso te pareces a Jesús. Él tampoco huyó del dolor de quienes amaba: se metió en medio, tocó leprosos, lloró con sus amigos, se dejó partir por los que estaban rotos. Y tú haces lo mismo cada vez que eliges quedarte al lado de tu padre cuando tantos otros se van.

Con frecuencia pensamos que el mérito está en ser independientes, en no necesitar a nadie, en mostrar siempre la mejor versión de nosotros mismos, ¡y qué equivocados estamos! El valor está en abrazar nuestra dependencia, nuestras fragilidades, y desde ahí, seguir dando amor. Yo lo he vivido con mi cuerpo; tú, con la enfermedad de tu padre. Y ambos sabemos que, aunque duele, ahí hay un amor que no se parece a nada más.

No sé si en alguna ocasión te has sentido tentado de abandonar, de irte, de no aguantar más. Yo sí, y lo entiendo. Pero si hoy estás leyendo esta carta es porque aún no has soltado del todo la cuerda, y yo estoy aquí escribiéndote porque tampoco la he soltado, a pesar de la discapacidad, del dolor y de los días oscuros.

Quiero decirte algo que me costó años entender: tú no eres el problema. Tu dolor no te invalida, tu fragilidad no te quita valor. Al contrario, te hace más digno de ser amado, no por lo que haces, sino por ser quien eres.

Tu padre tampoco ha dejado de ser valioso. Aunque no pueda hablar como antes, y aunque su cuerpo no le responda, sigue portando una belleza que muchos no saben ver. ¡Pero tú sí puedes verla, tú sí puedes recordársela!

Ramón, no tengas miedo de llorar, de gritar, de decir: «¡No puedo más!». No temas amar hasta el final, aunque no recibas lo que esperas, aunque te duela, porque ese amor que das es el que está salvando tu alma, y también la de tu padre.

Te acompaño desde mi silla, desde mis espasmos, desde mis dudas y desde mi fe. Y te recuerdo de nuevo

que, aunque nuestros dolores sean distintos, podemos seguir caminando juntos.

Con todo mi cariño y mi esperanza,

Juan

CARTA IV

Cuando tu amor no es correspondido

Querido Ramón:

Hoy quiero hablarte no del amor correspondido —ese que se celebra, se presume y se canta en las canciones—, sino de ese otro amor que no vuelve, que no encuentra eco, que se da entero y no es devuelto. Porque sí, Ramón, hay amores que terminan, no porque se acaben, sino porque no pueden ser.

¿Te acuerdas de Clara, la chica de la que te hablé en la segunda carta? Pues he de reconocer que la amo. Y no es un amor del pasado ni una historia cerrada con punto final, sino un amor presente que sigue latiendo en mí, aunque ya no tenga espacio donde expresarse como antes. Clara me quiere, sí, y me ha querido mucho, pero no de la forma en que yo la quiero, no como lo necesitaba mi corazón.

Es como tener entre las manos un vaso de agua cuando tienes una sed inmensa y no poder beber. El vaso está ahí, pero tiene grietas; el agua no es para ti. Y tú, con toda tu sed, solo puedes mirar y tragarte la necesidad.

Con Clara he compartido mucho: risas, secretos, silencios largos que curaban más que mil palabras... Era mi amiga, mi compañera, mi espejo. Y un día, sin darme cuenta, me enamoré. No fue algo planeado. Creció entre lo cotidiano: en su forma de mirarme sin prisa, en su ternura, en su manera de estar sin exigir. Hasta que un día le conté lo que sentía, y ella, con todo el respeto del mundo, me dijo que no podía sentir lo mismo, que me quería mucho, pero como amiga, que su corazón no latía igual.

Ramón, pocas veces me he sentido tan vulnerable como en ese momento. Y es que, cuando hablamos de personas, no siempre con tu amor basta, porque puedes amar a alguien con todo tu corazón y, aun así, no ser elegido.

Ya te conté que, por salud, decidí alejarme un tiempo, porque cuando hablábamos o la veía, el corazón me dolía como si gritara por dentro: «¿Por qué no yo?». Ahora sé que esa pregunta es una trampa mortal: no tiene respuesta y te hace dudar de tu valor.

He pasado por muchas fases: incredulidad, tristeza, rabia. Eso sí, nunca he querido engañarme. Desde que me dijo que no, he procurado quererla como amiga, sin alimentar fantasías. Aun así, la herida seguía abierta. ¿Y sabes lo que me ha resultado más duro? Que yo sigo queriéndola, no como una obsesión, sino como una certeza callada, una fidelidad inexplicable a un amor que ya no tiene espacio. La sigo queriendo, y a veces me gustaría no hacerlo, porque amar sin ser correspondido es como abrazar una sombra.

Sin embargo, sigo eligiendo no odiar, no huir, no anestesiar este amor. Lo he transformado, lo he ofrecido, lo he consagrado, por así decirlo. Si no puedo vivir el amor con ella, al menos puedo vivirlo por ella: en la oración, en el recuerdo, procurando que mi dolor no se vuelva reproche.

Ramón, no hay nada más noble que un amor limpio que no exige, que no se convierte en demanda, amargura u obsesión. A veces, amar de verdad es saber soltar, amar sin poseer, bendecir al otro incluso cuando se aleja. Y eso, eso cuesta sangre.

No idealices mi historia, me ha costado muchas lágrimas. No siempre he sido maduro. He tenido envidia, miedo, frustración. He deseado desaparecer y he pensado que no era suficiente, que nunca lo sería. Con el tiempo he entendido que el valor del amor humano no depende de la respuesta del otro, sino que uno vale porque ama, no porque lo amen. Claro, que entonces nos queda el enorme consuelo de saber que con Dios, afortunadamente, es distinto: valemos porque Él nos ama. Y eso es un descanso, Ramón, o al menos yo lo veo así.

Tú también conoces este tipo de amor del que te hablo. Quizá no con el mismo nombre, pero seguro que sabes lo que es sentirse atraído por alguien que no ha podido o no ha sabido corresponderte. Y eso provoca el inevitable nudo en el pecho, las noches sin dormir y la lucha entre querer olvidarlo todo y no querer olvidar nada.

No te juzgues por eso. El amor no correspondido no es una derrota, sino una historia inacabada que también merece ser contada, porque tiene su propia belleza. Te muestra que eres capaz de amar profundamente, y eso es una bendición.

Quizá un día llegue otra persona, quizá no. Lo importante es que no pierdas tu capacidad de amar, que no te encierres ni te protejas tanto que nadie pueda volver a entrar. El corazón se cura cuando arriesga de nuevo, no cuando se blinda.

Y si alguna vez Clara lee esto, quiero que sepa que no le reprocho nada, que la sigo queriendo bien y que deseo que sea feliz, aunque no sea conmigo. Ojalá en el futuro podamos volver a ser amigos y compartir una amistad verdadera. Eso también es amor, Ramón: amor maduro, libre, parecido al de Dios.

Mientras tanto aquí estoy, aprendiendo a vivir con este amor que no se ha ido, que duele pero sigue siendo un faro, una promesa de que aún soy capaz de amar.

Te abrazo fuerte, hermano. Si tú también amas sin ser amado, no te sientas menos: estás en el lugar más sagrado del amor, donde se da sin condiciones.

Con todo mi cariño,

Juan

CARTA V

El dolor de no encajar

Querido Ramón:

Hoy quiero hablarte de un tipo de dolor que no siempre es evidente, pero sí lacerante: el dolor social. No nace de una enfermedad ni de una pérdida concreta, sino de la sensación de no encajar, de ser invisible, de cargar con una diferencia que los demás no comprenden, o que directamente ignoran.

En mi caso, Ramón, este dolor empezó desde que yo era muy pequeño. Desde que tengo memoria, he sentido que mi cuerpo me ponía fuera de juego. Ya sabes que no funciona como el de todo el mundo, y que mis movimientos, mi forma de hablar, y mi tono muscular me diferencian de los demás. Y en un mundo que adora la perfección y la rapidez, ser distinto es casi un pecado.

Aunque te parezca mentira, lo más duro no es la rigidez en el cuello ni mi brazo izquierdo tenso, sino la mirada de los otros; o su ausencia, porque duele más cuando no te miran que cuando te miran mal. Duele que entren en un sitio y te pasen por alto. Duele que nadie te pregunte cómo estás porque asumen que no sabrás contestar. Duele que se rían bajito cuando caminas, aunque intenten disimularlo. Duele sentir que tienes que esforzarte el doble para estar al mismo nivel. Duele que tu diferencia pese más que tu esencia.

Y no es solo cuestión de discapacidad, es algo más profundo. Es una forma de exclusión que se cuela en lo cotidiano y te hace sentir que estorbas, que ocupas un sitio que no te corresponde, y que todos avanzan menos tú.

En ocasiones he pensado que, si no tuviera esta discapacidad, todo sería más fácil porque la gente se acercaría más, ya que sería más «normal» y me mirarían distinto. Pero con el tiempo he comprendido que la causa última del dolor social no es la discapacidad, sino la indiferencia. La prisa. El miedo al otro. La falta de empatía.

Y sé, Ramón, que tú también conoces este dolor, aunque de otra manera. Desde que tu padre está enfermo han cambiado muchas cosas en tu vida. Tus amigos, algunos al menos, han desaparecido, porque no saben cómo estar; porque les cuesta mirar de frente lo que duele; porque se asustan; porque prefieren no complicarse. No deja de ser paradójico que, en situaciones como la tuya, te quedes solo cuando más amor necesitas. Ya ves que la vida no es como en las películas, donde todos se arropan en la tragedia. En la vida real hay muchas sillas vacías. Hay silencios que duelen más que cualquier palabra. Y hay cumpleaños en los que no suena el teléfono.

La enfermedad de tu padre te ha obligado a madurar rápido, a ver la fragilidad de la vida desde muy joven, a cargar con responsabilidades que muchos ni se imaginan. Inexorablemente, ha entrado en tu vida sin pedir permiso y te ha cambiado, y los demás no siempre saben cómo acompañarte en eso, ni cómo hablarte. No entienden por qué estás más serio o por qué no tienes ganas de salir. Y tú, como yo, has aprendido a protegerte, a no esperar tanto y a no mostrar todo lo que te pasa, cansado de los «no estés triste», «anímate», y los «no te pongas intenso». Y te has encerrado, como yo, porque es lo que te sale. Ante eso, te callas, te alejas.

Eso es el dolor social, Ramón. Ver que te excluyan y, aún peor, que tu dolor no tiene sitio, que no hay espacio para lo que te sucede. Y los demás siguen su vida como si nada mientras tú cargas con una mochila invisible que pesa el doble.

Pero ese dolor también puede ser lugar de encuentro. A mí me ha pasado. En los retiros de Cafarnaúm, por ejemplo, descubrí que lo que más une a las personas no es la (dis)capacidad, ni la edad, ni las aficiones, sino el sufrimiento compartido, saber que el otro también ha llorado en silencio, ver que alguien más ha sentido ese vacío que tú llevas dentro. Y cuando encuentras a alguien así, entonces ya no estás solo. Porque sí, la sociedad a veces excluye, pero también hay personas que acogen. Hay miradas limpias. Hay corazones abiertos. Hay gente que no se asusta del dolor, que no huye de lo difícil, que no necesita que estés perfecto para quererte.

Y lo más importante: Dios nunca te excluye. Él no te exige que escondas tus heridas. No necesita que finjas. Jesús no se aleja de los rotos, de los que no cumplen con el molde, de los que están en los márgenes; al contrario, va a su encuentro. Camina a su lado. Los elige como favoritos.

Yo he sentido esa elección, Ramón. En medio de mi diferencia, de mi fragilidad, de mi «no encajar», Jesús me ha hecho sentir en casa. Me ha dado amigos que me han querido como soy. Me ha llevado a lugares donde no solo cabía, sino que era necesario.

Me encantaría que tú también lo sintieras como yo. Que supieras que no tienes que ser fuerte todo el tiempo, que puedes mostrar tu herida y contar tu verdad sin miedo.

Sí, el dolor social es una cruz, pero no estás solo en ella y no siempre te dolerá igual. En cualquier momento puede que encuentres a personas que descubran lo que vales más allá de lo que se ve; que se queden aunque no lo entiendan todo; que te quieran incluso cuando no puedas dar nada a cambio.

Y mientras tanto yo estoy aquí, con mi cuerpo tenso y mi corazón abierto, con mi historia marcada por la diferencia, con mi deseo profundo de que nadie más se sienta fuera. Si puedo acompañarte, aunque sea con palabras, ya vale la pena.

No dejes que el mundo te haga creer que no perteneces, porque eso es falso. Tienes un lugar. Tu vida es valiosa, necesaria, luminosa.

Con ternura profunda,

Juan

CARTA VI

Cuando alguien que amas muere

Querido Ramón:

Hoy quiero hablarte de un dolor que, tarde o temprano, nos alcanza a todos: la pérdida de alguien a quien amamos profundamente. Sé que no hace mucho has despedido a tus abuelos y por eso escribo pensando en ti, mientras recuerdo la partida del mío.

En 2014 murió mi abuelo. Era de los que se levantan cada mañana y se enfundan en chaqueta y corbata, un caballero que me enseñó a jugar al ajedrez y pasaba horas conversando conmigo. La tarde en que murió estábamos toda la familia reunida en casa —habíamos ido a acompañarlo porque su salud flaqueaba— cuando, con una paz sorprendente, dejó de respirar. Antes de cerrar los ojos, el último beso de su vida me lo dio a mí.

Su ausencia abrió un hueco enorme en mi interior que intenté llenar refugiándome en los amigos, pero enseguida descubrí que la muerte de un ser querido descoloca el alma, como si se apagara de golpe una luz que creíamos eterna.

Con mis abuelos me unía algo muy hondo. No eran solo familia en el sentido formal; eran cobijo, historia, hogar. Eran esos abrazos que permanecen aunque tú cambies, esa forma de quererte sin necesidad de entenderlo todo. Por eso, cuando se marcharon algo dentro de mí se quebró.

Lo más duro no fue la despedida en el tanatorio, sino al día siguiente, y al otro. La ausencia del abuelo se fue volviendo cotidiana. Me descubrí queriendo llamarlo, buscando su rostro entre la gente, deseando contarle cualquier pequeña victoria o tropiezo. Entonces entendí que el duelo no es un momento puntual, sino un proceso que oscila entre el silencio, el estruendo, la añoranza y la sensación de haber perdido una parte irreemplazable de tu vida.

Peor fue comprobar que el mundo continuaba como si nada. Tú estás hecho pedazos pero los demás no, y esa brecha te demuestra que el dolor por una pérdida también es una forma de soledad. Imagino que eso fue lo que sentiste con tus abuelos. Quizá entendiste demasiado tarde cuánto significaban, o no encontraste palabras para despedirte, o no tuviste ni siquiera tiempo. Y sí, muchos te dirán: «Están en un lugar mejor», «te cuidan desde el cielo», «ya no sufren». De acuerdo, es muy posible que sea verdad, pero mientras tanto uno sigue aquí, y duele, porque ya no puedes abrazarlos ni oír su risa, y ellos no pueden apoyarte en tus logros y en tus errores. Te quedas con montones de historias que ya no podrás compartir con ellos. Bueno, eso no es del todo cierto. Yo con el tiempo he comprendido que el amor no muere con el cuerpo y por eso continúo hablándole a mi abuelo. Le cuento mis cosas, le pido ayuda, le doy las gracias. Y, aunque no responde del mismo modo que antes, siento su cercanía, una presencia invisible que me sostiene cuando las fuerzas flaquean.

Hablábamos del duelo, Ramón, y cada duelo es distinto. Hay días en que el dolor nos golpea con fuerza y otros en que apenas lo notamos. No existe un ritmo correcto ni un modo ideal de sobrellevarlo. Mientras tanto, conservamos la fuerza de ese amor tan real que les dimos y que nos dieron, y eso nadie puede arrebatárnoslo.

A veces, cuando hablo con Dios sobre la muerte me enfado. ¿Por qué se lleva tan pronto a quienes más queremos, por qué no creó un mundo sin despedidas? Pero luego miro la cruz y pienso que Jesús también lloró la muerte de su amigo Lázaro; no la evitó, aunque después lo resucitó. Y lloró como tú y como yo, porque perder a alguien duele incluso cuando crees en la vida eterna.

Precisamente por eso estoy seguro de que Jesús comprende nuestro dolor mejor que nadie. Lo ha vivido, ha escuchado el llanto de una madre, ha visto llorar a los suyos. Él, que ha vencido a la muerte, nos muestra que no es el final, y sabemos que Él nos espera para toda la eternidad.

Ramón, yo creo que volveremos a ver a nuestros abuelos, a quienes se adelantaron. Para mí, el cielo no es una nube abstracta, sino volver al hogar con todos los que amamos y nos amaron. Y mientras llega ese día, seguimos aquí: viviendo, recordando, llorando a ratos, sonriendo con nostalgia, pero sin olvidar. Y ellos continúan vivos en nuestras decisiones, en nuestras palabras y en nuestra manera de mirar el mundo.

Gracias por compartir tu dolor conmigo. Si hoy te duele, llora; y, cuando puedas, da las gracias. Porque amar y perder duele, sí, pero vale la pena.

Con ternura, de nieto a nieto,

Juan

CARTA VII

El dolor genera más dolor

Querido Ramón:

Como sabes, este libro no va a hacer prisioneros. No he venido a suavizar las cosas ni a maquillar el sufrimiento, sino a intentar desentrañar un poco mejor el misterio del dolor. La realidad, especialmente para los que sufren, puede ser brutal, cruel, absurda, desoladora. Y cuando el dolor no solo te atraviesa a ti, sino que genera más dolor a tu alrededor, entonces se convierte en una trampa, en un laberinto sin salida.

El dolor tiene sus causas y consecuencias. Un sufrimiento inicial —una enfermedad, una pérdida, una herida emocional— puede arrastrar otras muchas cosas. Un cáncer puede traer inseguridad; la discapacidad, abandono; el *bullying*, desconfianza. El primer golpe rara vez es el último. Lo más duro, Ramón, es que ese primer dolor actúa como un multiplicador, como una semilla que, si no sana, germina en más heridas. Y cuando la apisonadora del sufrimiento arranca, parece incapaz de detenerse.

Hay momentos en los que crees que ya has tocado fondo, y entonces la vida te quita algo más. O de repente lo que has construido con esfuerzo, y tanto te ha costado mantener, se cae. Sin explicación, sin aparente sentido. Y tú solo puedes mirar los restos, como quien ve que su casa se quema sin poder hacer nada.

Y claro, tú y yo —como buenos cristianos que queremos creer— nos repetimos esta frase: «Todo es para bien», y sí, es verdad, pero también duele, y mucho. Y a veces duele demasiado el no entender por qué, si amas a Dios, Él permite eso. Y sufres porque piensas que no deberías estar tan roto si realmente confiaras. Ahí entra la culpa, y todo eso se convierte en una pesada cadena.

¡Cuánto te entiendo, Ramón! Yo mismo he sentido ese desgarro por dentro, porque he estado sujetando la cruz mientras todo a mi alrededor se desmoronaba. Y aunque esté agarrado a Dios, eso no me exime del dolor. Lo que viví desde el principio, esa primera herida llamada discapacidad, ya supuso un «¡ay!» de por vida. La tengo aceptada, la he integrado, pero sigue ahí. Y cuando se acumulan los golpes —recha-zos, soledades, rupturas, desilusiones—, esa primera herida potencia las demás. No las provoca, pero sí las hace más intensas.

Es posible que te hayas sentido rechazado por un grupo, o que veas que no encajas; que das mucho más de lo que recibes; que la vida no te devuelve ni una mínima parte de lo que entregas. A mí me ha pasado todo eso. Y si a ti también, solo puedo decirte: «Bien-venido. No estás loco, estás herido».

En todo este proceso, hay algo que me afecta es-pecialmente, Ramón, y es ver que nuestras heridas pueden convertirse en espinas que pinchan a otros. Nuestro dolor, sin que lo queramos, puede herir a quienes tenemos más cerca. Cuando desconfiamos, cuando levantamos muros, cuando evitamos la cer-canía para no volver a sufrir, podemos hacer mucho daño. Y eso duele aún más porque uno no quiere con-vertirse en su propio enemigo, pero a veces pasa.

¿Sabes por qué estoy escribiendo todo esto? Por-que sé que hay personas como tú que viven ese su-matorio de cosas: una primera herida, y luego un vendaval que no cesa. Y sé que estás cansado, que estás harto de luchar. Que a veces piensas que no vale la pena volver a levantarse, porque la próxima caída te va a doler más. Que tu vaso se ha desbordado, que un incendio lo ha devorado todo.

Ramón, tú has perdido a tus abuelos y tienes a tu padre enfermo, pero a otros les ocurren otras cosas. Algunos no pueden caminar después de un accidente; otros han recibido un diagnóstico terrible; otros no confían en nadie porque los que debían estar se han ido, o han amado profundamente a alguien pero han tenido que alejarse.

¿Sabes cuál es la buena noticia, Ramón? Que, a pesar de todo eso, seguimos aquí. Que todavía hay un rescoldo, una chispa que no se apaga. Que el alma, por muy hecha polvo que esté, sigue buscando amar y ser amada. Y no se rinde. Y sigue esperando.

Y ahí, en ese fondo tan profundo, está Jesús, no como un superhéroe que viene a cambiarlo todo de golpe, sino como Alguien que se sienta contigo en las cenizas. Que no te grita «¡Levántate ya!», sino que llora contigo, como lloró con Marta y los demás por la muerte de Lázaro. Que te mira con ternura, sin exigencias. Que entiende tu cansancio, tu rabia, tu deseo de rendirte. Él no te pide que seas fuerte, únicamente que le dejes estar contigo. Que sufras con Él. ¿Sabes, Ramón? Con Él el dolor no destruye. Con Él la soledad no es amarga. Créeme, si consigues sufrir confiando en que no estás solo, verás milagros. En lo escondido. En lo pequeño. En lo inesperado.

No te pido que lo veas ya, pero sí que no cierres la puerta del todo, porque juntos saldremos de este incendio. Puede que algo chamuscados, y con las manos llenas de hollín, pero vivos.

Porque el amor tiene la última palabra.

Porque el dolor, aunque real, no es el final.

Porque esta historia —la tuya, la mía—, todavía no ha acabado.

Y aunque hoy todo duela, piensa que el fuego no va a consumirte, sino a purificarte.

Un abrazo desde mis propias llamas,

Juan

CARTA VIII

Cuando no puedes salir del dolor

Querido Ramón:

Hoy quiero hablarte de un dolor que puede convertirse en una cárcel, de un sufrimiento que no se va, que parece envolverlo todo, que se instala en el alma y no te deja respirar. No es un dolor puntual, ni se calma con descanso o con una conversación; al contrario, te persigue como una sombra, aunque te esfuerces por aparentar que todo está bien. Tampoco entiende de días soleados ni de palabras de ánimo. Transforma las horas en eternidades y las noches en abismos. Es un peso invisible que llevas contigo, aunque sonrías y hagas planes. Y lo peor es que, por mucho que quieras escapar, las paredes de esa prisión se van cerrando cada vez más.

¿Has estado alguna vez rodeado de gente y te has sentido completamente solo? ¿Has sonreído por fuera, aunque tuvieras ganas de gritar por dentro? ¿Has tenido que decir un «Estoy bien», mientras te preguntabas cómo seguir adelante un día más? ¿Te has encontrado sin fuerzas para pedir ayuda porque te parece inútil, porque piensas que no te van a entender, o no quieren entenderte?

Yo también he estado ahí, en esa oscuridad espesa que convierte cada pensamiento en una daga, en ese vacío que no se llena con palabras, ni con abrazos, ni siquiera con oraciones. Y me he dado cuenta de que, en esos momentos, el dolor puede volverse un espejo cruel y deformado que solo te muestra tus fallos, tus heridas, tus miedos más profundos.

El dolor constante tiene esa capacidad: te convence de que estás roto más allá de toda posibilidad de reparación. Le gusta susurrarte que nunca vas a sanar, y si no tienes cuidado, comienzas a creértelo, y a pensar que mereces sufrir; que no hay nada bueno para ti; que tanto la alegría como el amor están reservados a otros; que estás condenado a vivir así para siempre. Y si encima se disfraza de culpa, puedes llegar a pensar que tú mismo has provocado tu tristeza, siendo débil o haciendo algo mal.

Esas ideas, Ramón, son mentiras, pero cuando uno está atrapado, le suenan a verdad. Son como un veneno que se mete muy hondo y te va quitando las ganas de vivir. Esa es una faceta peligrosa del dolor: que en casos extremos puede llegar a convencerte de que no hay otra opción que rendirse.

A mí lo que me ayuda es reconocer que, aunque el dolor es real, también lo es la esperanza —y no me refiero a esa esperanza barata que se dice rápido: «todo pasa», «mañana será mejor», «todo va a ir bien», ignorando que esas frases pueden hacer aún más daño—. No, yo te hablo de esa esperanza que nace en medio de la oscuridad como una chispa pequeñita que no se deja apagar, y dice: «No entiendo nada, pero no me rindo». Eso no nace de ti ni es un esfuerzo tuyo. Es un regalo, es gracia.

Ramón, Jesús también estuvo en esa cárcel de dolor. Getsemaní fue su celda. Allí, en un espantoso abandono sudó sangre por la angustia. Lloró. Tembló. Suplicó: «Padre, si es posible, que pase de mí este cáliz». ¿Te suena esa frase? ¡A mí me ha salido tantas veces! Y luego, en la cruz, vino el grito más humano que ha salido de los labios de Dios: «¿Por qué me has abandonado?».

Eso es lo que más me consuela de Él, que no jugó a ser un actor, que no fue un mártir feliz. Jesús sufrió de verdad. Se sintió abandonado y lo gritó. No lo ocultó ni lo disimuló, y por eso tú también puedes gritarlo. Puedes llorar. Puedes decirle a Dios que no entiendes nada.

Si ahora estás en esa situación, o te sientes muerto por dentro, o roto, o no encuentras consuelo, o no sabes cómo seguir, recuerda que Jesús está ahí, contigo. Él no espera a que estés bien para acercarse a ti, ni te contempla desde lejos. Él está contigo en la oscuridad, dentro de tu celda, en tu propio Getsemaní.

Si no puedes orar, si no te sale ni una palabra, entonces limítate a respirar. Deja que Él respire contigo. El silencio es una forma de oración. Y la oración más profunda puede ser no rendirse, seguir luchando aunque sea de rodillas.

Yo he pasado noches en las que repetía continuamente: «Jesús, quédate». Ni siquiera sentía si Él estaba ahí, pero me bastaba con decirlo. Y al final, algo pasaba. Me envolvía una paz misteriosa, como si alguien me cogiera de la mano por dentro. Y eso era suficiente para no rendirme.

Querido Ramón, salir de este lado oscuro del dolor no es un proceso lineal, es un camino largo con retrocesos. Hay días mejores y días que parecen el infierno. Pero si sigues, si no te rindes, si te dejas acompañar, entonces hay esperanza.

Cuando pienses que no puedes más, vuelve a leer estas líneas. Permíteme estar ahí contigo, una y otra vez, porque yo también sigo caminando y no he salido aún del todo, pero estoy avanzando, con mis heridas y lágrimas, y con una certeza: la de que Dios no abandona a los que sufren.

Y tú, Ramón, no eres solo tu tristeza ni tu dolor. No eres el abandono que has sentido. Eres amado, incluso cuando piensas que no o cuando crees que Dios no tiene nada que decirte. Recuerda que Él siempre estará a tu lado, te lo ha prometido: «Estaré con vosotros todos los días, hasta el fin del mundo».

Y no olvides esto nunca: eres más fuerte de lo que crees, no por ti mismo, sino porque hay Alguien que está luchando contigo desde dentro.

Con todo mi corazón,

Juan

CARTA IX

«Tienes que estar bien»

Querido Ramón:

Hoy no tengo un tema concreto del que escribirte. No tengo una estructura clara, ni una enseñanza que termine con una frase brillante. Solo tengo un corazón que arde y que necesita hablar contigo, porque siento que lo que vivo, de alguna manera, también lo vives tú. Y a veces, lo único que alivia un poco el peso del alma es poder compartirlo con alguien que no te pide explicaciones ni te juzga, que simplemente escucha y comprende.

Hay días en los que me cuesta encontrar sentido a todo. Me despierto con las mismas preguntas de siempre: ¿Por qué a mí? ¿Por qué mi cuerpo no responde como yo quisiera? ¿Por qué estas limitaciones, que me recuerdan a cada momento que soy distinto?

Y sí, Ramón, sé que soy amado, que tengo talentos, sé que no soy menos que nadie, pero aun así me pesa. Toda esta rigidez, este brazo que se me tuerce, este cuello que no coopera, este cansancio que no se va, me pesan. Y me pesa el que, por más que me esfuerce, necesito ayuda para lo que otros hacen sin pensar.

Te hablaba antes de un dolor añadido a la discapacidad, el dolor social que lleva consigo. Te mencionaba las miradas raras, las puertas que no se abren, las conversaciones en las que no estás incluido, las veces en las que alguien te trata con pena, sobreprotección o indiferencia, y lo duro que es vivir en una batalla constante por mostrar tu dignidad, por hacer valer tu voz, por hacerte un lugar.

¿Y qué decir de ese deseo profundo de ser elegido, de ser abrazado sin condiciones, de construir algo con alguien? Yo ahí, Ramón, como bien sabes, tengo heridas que todavía sangran. Por Clara, una de esas personas que marcaron mi alma, no por lo que fue, sino por lo que soñé que podía ser. No porque me hiciera daño, sino porque la amé con una fuerza que ni yo entendía. Y no hay culpables, ni reproches. Solo un duelo largo, un eco que se repite, una ausencia que sigue doliendo.

Confieso que hay días en los que me pregunto si valgo la pena. Si alguien, alguna vez, querrá quedarse. Si algún día dejaré de sentir que tengo que ganarme el amor, como si ser yo no fuera suficiente. Y ahí aparece la exigencia de estar bien, porque da la sensación de que si estás mal, molestas; de que si dices que estás triste, incomodas; de que si lloras demasiado, cansas. Parece que tienes que demostrar que lo has superado todo, que estás en paz, que has aprendido de tus heridas y ahora vives en plenitud.

Y yo, Ramón, no siempre estoy bien. Hay días en los que no quiero salir de la cama. Días en los que rezo sin sentir nada. Días en los que me pregunto si Dios realmente me escucha, si me ve, si se acuerda de mí. En esos días no me basta con saber que Jesús murió por mí, ¡yo quiero sentir que vive conmigo! Que está, además de en la Eucaristía, en mi cuerpo roto, en mi historia llena de vacíos, en mi corazón cansado de esperar.

Tú también tienes tu historia, tu propio sufrimiento. Lo de tu padre con la ELA sobrepasa lo que se puede expresar con palabras. Ver a alguien a quien amas apagarse poco a poco, mientras los amigos se alejan y la vida sigue como si nada, duele más de lo que el ser humano es capaz de verbalizar. Te entiendo y esta carta va destinada precisamente a eso, a intentar aliviar tu dolor, porque es más fácil cargar con el dolor cuando alguien le pone nombre contigo y te dice: «No estás loco. No estás solo. No es tu culpa».

Yo también he perdido a personas queridas. Asimismo, a lo largo de mi vida, he experimentado otro tipo de pérdidas: amistades que creía eternas se han desvanecido; proyectos que no han salido adelante; sueños que he tenido que guardar en una caja... Todo eso deja huella, no porque uno se quede anclado en el pasado, sino porque hay ausencias que nunca terminan de irse, hay muertes que siguen viviendo dentro de uno.

¿Qué es, en medio de todo eso, lo que me sostiene? Ya sabes, Ramón, que cuando uno se encuentra en ese estado no suele tener certezas inamovibles, ni recurre a complicadas respuestas teológicas. Para mí, se trata de algo mucho más sencillo: una presencia, la de Jesús. No como doctrina ni como figura de vitral, sino como un hombre real que lloró, que se enojó, que fue traicionado, que tuvo miedo, que sudó sangre. Jesús no huyó del dolor ni se bajó de la cruz. Jesús quiso quedarse y se dejó matar. Y aun así, venció.

A Él es a quien me agarro. Muchas veces, cuando no siento nada y me da la sensación de que ya no tengo nadie más a quien acudir, Él es mi última esperanza. Y en los momentos en que todo se desmorona —cuando Clara se va, cuando el cuerpo no responde, cuando la vida duele—, me aferro a sus llagas, porque si alguien entiende lo que vivo es precisamente Jesús.

Y junto a Él está María, mi Madre, nuestra Madre. Ella también perdió a su Hijo y vivió un Viernes Santo interminable, seguido de un Sábado Santo marcado por la ausencia y la esperanza. María siempre mantuvo la fe, pese a todas las circunstancias, y hoy yo elijo caminar con Ella. Aunque no me quita el dolor, sé que lo abraza conmigo y lo vuelve llevadero. Mirándola, aprendo a resistir al pie de la cruz, aunque todo me parezca muerto.

Ramón, si estás leyendo esto es porque no te has rendido, porque sigues buscando un sentido y estás abierto a la posibilidad de que haya algo más. Eso ya es una victoria, una resurrección en camino.

No hace falta que tengas respuestas a todas tus preguntas incómodas, ni siquiera es necesario que estés bien. Lo importante es que no te sueltes del todo, que no te rindas. Permítete sentir. Llora si hace falta. Descansa si estás agotado. No te exijas más allá de tus fuerzas. Y confía, porque el mismo Dios que venció a la muerte, no te pide que le demuestres nada. Él quiere abrazarte donde estás.

Así que, si algún día no puedes más y el dolor se te hace insoportable, recuerda que yo, tu hermano, tu amigo, también he estado ahí, y muchos otros millones de personas antes que nosotros, porque ninguno somos pioneros en esto de sufrir. Y ya ves, aquí sigo, aunque no soy más fuerte que otros ni lo tengo todo claro. Sigo porque Dios y las personas que ha puesto en mi camino me han sostenido, y ahora quiero sostenerte yo. Te ofrezco todas estas palabras compartidas, mi historia crucificada y mi fe llena de dudas, pero aún viva.

Y si tienes la impresión de estar en un túnel, no olvides que siempre hay una salida. No dudes de que, al igual que ocurrió con Lázaro, la piedra será removida, porque la tumba no tiene la última palabra, y el amor que no fue puede volverse semilla de algo nuevo.

Ya sabes lo que te digo siempre, Ramón: tu historia, y la mía, aún no han terminado. En medio de todas nuestras dificultades nos acompaña Jesús, que también fue rechazado, herido y traicionado, y precisamente por eso nos entiende mejor que nadie.

Te doy las gracias por no rendirte, por leerme, por seguir vivo.

Con todo mi corazón,

Juan

CARTA X

Hablemos del suicidio

Querido Ramón:

Hoy quiero hablarte con total franqueza de un tema que pesa como el plomo y que la gente no suele atreverse a nombrar: el suicidio. Es posible que no te suene tan lejano, puede que incluso le hayas dado vueltas alguna vez o conozcas algún caso.

Por si llevas dentro esta carga y no se lo has contado a nadie, quiero abordar este tema, no desde la teoría, sino desde el corazón, un corazón que ha tenido días oscuros y sabe lo que es querer huir del propio dolor.

El suicidio no es cobardía. Quien dice eso no sabe lo que dice. No sabe lo que es sentir que uno ya no puede más, que las fuerzas se han ido, que las lágrimas no salen, que la vida pesa tanto que te aplasta, que ni siquiera puedes gritar pidiendo ayuda porque ya no tienes voz… Quien se suicida no lo hace porque no valga, sino porque el dolor lo ha desbordado. El que llega hasta ese punto no es que quiera morir, es que no encuentra otra salida a su dolor. Porque la vida, que es un don, se le ha convertido en una tortura y se siente tan roto, tan vacío y tan solo que desaparecer se le antoja la única forma de descansar.

Yo he tenido días así, Ramón, días en los que no quería estar, no quería ver a nadie, no quería levantarme. Y no porque no amara la vida, sino porque el dolor era tan grande que no me dejaba apreciarla. Yo sé lo que es mirar al techo y pensar: «¿Y si me fuera?». Y no lo pensaba porque quisiera morir, sino porque ya no sabía cómo seguir viviendo.

El suicidio es el grito final de alguien que ha estado gritando en silencio mucho tiempo. Es una decisión desesperada que, aunque nos duela reconocerlo, necesita ser entendida, porque detrás de cada suicidio hay una historia: hay heridas, abandono, enfermedades, traumas. Hay noches sin dormir, días sin sentido, relaciones rotas, fracasos, humillaciones. Y dolor, mucho dolor.

Por eso nunca juzgo a la persona que ha llegado a ese punto. Y estoy seguro, Ramón, de que tú tampoco lo haces. Reza por él. Llóralo. Comprende lo mucho que tuvo que haber sufrido solo.

Y si eres tú quien está cerca de ese límite, o si alguna vez lo has estado, no te sientas culpable. No eres menos por haber pensado en rendirte, eres humano. Estás herido. Eres vulnerable. Como yo. Como tantos.

Pero quiero decirte, con toda mi alma, que vivir es un regalo. Lo sé, ¡puede sonar vacío cuando estás roto!, pero no por eso deja de ser verdad. Vivir, aunque duela, aunque a veces no se entienda, es un acto de resistencia. De coraje. De esperanza. Es decirle al dolor: «No vas a tener la última palabra». Es gritarle a la desesperanza: «Hoy no me vas a vencer».

¿Sabes por qué lo sé? Porque he visto la vida abrirse paso entre los escombros. He visto a personas que querían morirse y ahora abrazan la vida con una ternura impresionante. He conocido historias que terminaron bien, no porque todo se arreglara, sino porque alguien acompañó el dolor, porque alguien dijo: «Estoy contigo». Y eso, Ramón, lo cambia todo. Muchas veces, lo único que necesita la persona es eso: no estar sola. Que haya alguien que no huya, que no tenga miedo a sus lágrimas, que no le diga: «Tienes que animarte», sino: «Llora, estoy aquí». ¡Es tan importante la compañía!

Precisamente por eso, Ramón, hoy quiero estar contigo en tu dolor, quiero ser ese amigo que no se va. Tú tampoco te vayas, aunque te parezca que ya no puedes más. No tomes una decisión definitiva por un dolor que, aunque ahora se te haga insoportable, puede transformarse. No niego que tu dolor sea muy real, pero no es eterno. Todo puede cambiar. Incluso tú. Incluso tu historia.

Jesús, Ramón, también sintió el deseo de que su dolor se acabara. En Getsemaní dijo claramente: «Padre, si es posible, que pase de mí este cáliz». No quería sufrir, estaba aterrorizado. Y en la cruz gritó con todas sus fuerzas el salmo 22, llamando a su Padre: «Dios mío, Dios mío, ¿por qué me has abandonado?». ¿Te das cuenta? Dios también sufrió intensamente, conoció nuestras oscuridades y experimentó el mayor de los dolores para poder cargar con el tuyo y con el mío.

Eso significa que tú, ahora, hoy, puedes hacerlo también. Y puedes decirle: «Dios mío, no puedo más». Puedes clamar, llorar, enfadarte. Él no se escandaliza ni se marcha; al contrario, se acerca aún más. Porque nadie entiende mejor tu desesperanza que el que bajó a los infiernos para salvarnos.

Recuerda: ante el mayor de los sufrimientos, Jesús no se bajó de la cruz, no escapó. Con sus brazos extendidos abrazó todo el dolor del mundo. Y por eso, Ramón, tú puedes abrazar el tuyo con Él, que no solo te entiende, sino que lo ha vivido, y ha vencido.

Jesús no vino a juzgar a los que sufren, sino a cargar con ellos, a sentarse entre ellos, a enjugar sus lágrimas, a clamar unido a sus voces, a salvarlos... Y de un modo muy especial, a aquellos a los que no les quedan fuerzas. Él transformó la cruz en fuente de vida eterna cuando la muerte parecía haber ganado. Él puede llenar de luz tu noche más oscura.

Por eso, no permitas que tu brillo se apague, no te marches antes de tiempo. Eres valioso. Eres amado. Eres necesario. Aunque nadie te lo diga, aunque no te lo creas, eres todo eso y mucho más.

Cuídate. Si estás muy cansado, descansa, pero no te rindas. Si necesitas llorar, llora, pero no lo hagas solo. Pide ayuda. Habla. Busca. Llama. Dios se hace presente en la voz de un amigo, en una canción, en esta carta. Y nunca, nunca te abandona.

¿Sabes lo más hermoso? Que no eres solo tú quien lucha por vivir, es Jesús quien lucha por ti. Aunque tú pienses en soltarte, Él no te suelta. Si caes, Él te levanta. Cuando crees que no vales, Él dice: «Para mí vales tanto que he dado mi vida por ti».

Por eso, si un día te ves frente a ese puente, a esa idea terrible, a esa tentación, recuerda: vales mucho más que tu situación actual. Y que tu pasado. Eso son solo algunas páginas de tu historia, pero te queda mucho por descubrir. No te lo pierdas. No renuncies a ello. La vida sigue y puede ser muy bella, aunque todos tengamos motivos para sufrir.

Me dirás que vivir con dolor es difícil, pero morir no es la solución. El verdadero milagro es aprender a vivir y seguir respirando aunque duela, permitiéndote a ti mismo ser humano, vulnerable, frágil, y dejando que Dios y los demás te sostengan cuando no puedes más.

Tú vales la pena, Ramón. Tú vales esta vida.

Con todo mi corazón,

Juan

CARTA XI

Drogas por falta de amor

Querido Ramón:

Hoy quiero hablarte de algo que quizá no te haya tocado directamente —o sí, no lo sé—, pero estoy casi seguro de que conoces a alguien que ha buscado refugio en las drogas. Y no, no voy a darte una charla moralista, porque no estoy aquí para juzgar a nadie, sino para hablarte del dolor. Porque, al final, muchas decisiones humanas, tanto buenas como malas, tienen una raíz común: el intento de evitar el dolor o sobrevivir a él.

En muchos casos, el consumo de drogas no empieza por rebeldía ni por diversión, sino por el deseo de llenar un vacío, un hueco en el corazón que nadie ha sabido colmar —por una herida de amor, o mejor dicho, de falta de amor—. Esa es la historia de muchos que no se sintieron vistos, queridos o valorados, y para no sentir el dolor que eso les provocaba, para anestesiar ese grito que llevaban dentro, buscaron algo para acallarlo, para hacerlo desaparecer durante unas horas.

He conocido a muchas personas así, jóvenes y mayores, con historias diferentes, pero con un denominador común: un dolor no abrazado que se fue haciendo insoportable. Muchos no comenzaron por una jeringa, sino por la soledad: una mirada esquiva del padre, la traición de un amigo, una infancia llena de gritos y vacíos. Y entonces probaron —una calada, una pastilla, una raya—, y por un momento, sí, el dolor desapareció, pero después volvió con más fuerza. Ignoraban que todo lo que se tapa y no se sana acaba gritando más fuerte.

Yo, gracias a Dios, no he caído en las drogas, pero no porque sea más fuerte, sino porque encontré otros refugios antes. Mi mecanismo de compensación fue buscar cariño en ideas, lugares, ilusiones o personas equivocadas.

Yo también he sentido, Ramón, la tentación de desaparecer; de querer dejar de sentir; de dormir todo el día para no pensar; de comer sin hambre; de llenar el vacío con lo que sea. Porque el dolor, cuando no se acompaña, se convierte en un monstruo. El ser humano se agarra a cualquier cosa que le ayude a escapar, aunque sea momentáneamente, y a pesar de que pueda causarle un daño mayor.

A ti no sé si esto te toca directamente, pero sé que entiendes de sufrimiento, de ese que se va acumulando sin hacer ruido. Y pienso que estarás de acuerdo conmigo en que las drogas no son simplemente un vicio. La mayoría de las veces son un grito de auxilio mal canalizado, y detrás de cada persona que se pierde en ellas, hay una historia que merecería haber sido escuchada antes.

No me olvido de lo que me contaste de ese amigo tuyo del instituto, el que tonteó al principio con porros y terminó desapareciendo de la vida de todos. No sé lo que le ocurrió, pero ni por un momento se te ocurra pensar que su caída fue culpa tuya. Tú hiciste lo que pudiste, y quizá demasiado. No te castigues con un dolor añadido, no tuviste nada que ver.

Me viene a la cabeza el caso de una chica que conocí en un retiro. Tenía 17 años y un historial de adicciones más largo que el de muchos adultos. Había pasado por todo: alcohol, drogas, autolesiones... En el fondo, sin embargo, no era eso lo que más la estaba consumiendo, sino el no haber sido abrazada nunca sin condiciones. Un día se sentó a hablar conmigo y me dijo: «Juan, yo no quiero estar colocada. Solo quiero que alguien me mire y no me tenga miedo». Me quedé destrozado y entendí que su mayor drama no era la droga, sino la soledad.

Y eso, inevitablemente, me lleva a pensar en ti, y en mí, y en tantos otros que, aunque no nos droguemos, también buscamos evadirnos del dolor con otras formas más aceptadas socialmente, pero igual de destructivas: el perfeccionismo, el aislamiento, las redes sociales, las relaciones tóxicas. Todo con tal de no mirar hacia dentro y no tocar la herida. Sin embargo, es mucho más valiente no anestesiar el dolor y atreverse a sentirlo, mirándolo de frente y poniéndolo en su sitio, sin darle permiso para destruirnos.

Para eso se necesita tiempo, el apoyo de otras personas y un amor que no te rehúya, que no te dé soluciones rápidas ni te diga «espabila» ni «tienes que cambiar». Que te acepte y te acompañe tal como eres, tendiéndote la mano cada vez que lo necesites.

Salir de una adicción o de una costumbre tóxica no es sencillo, pero merece la pena. Y cuando por fin lo logras, cuando respiras hondo y te miras sin disfraz, te das cuenta de que siempre fuiste digno y de que no eran necesarias las drogas para ser valioso.

Ramón, si tú no eres el que sufre esto, pero conoces a alguien que sí lo está pasando mal, no abandones a esa persona. No le eches la charla ni la encierres en juicios; escúchala, abrázala, quédate cerca. A veces, basta con que una sola persona no se rinda para que el otro tampoco lo haga.

En mi vida ha habido gente que no huyó cuando me encontraba en lo peor, que no me vieron como un problema sino como una persona. Y ya sabes que, por encima de todo eso, hay un Amigo que nunca falla: Jesús. Me gusta referirme a Él con frecuencia porque, al final, Él es quien sostiene nuestra vida.

Yo he sentido a Dios, no con fuegos artificiales sino en los detalles: en una canción, en una palabra, en un mensaje, en una Eucaristía, en una mirada, en medio de un silencio en el que me ha abrazado desde dentro para sanarme desde lo más profundo...

Déjale que haga todo eso en ti.

Con todo mi corazón,

Juan

CARTA XII

«Mamá, tengo depresión»

Querido Ramón:

Hoy quiero abrirte el corazón sobre una herida que muchos llevamos, pero pocos se atreven a mostrar: la depresión. Es algo que no se ve en radiografías ni en análisis de sangre, pero supone llevar un saco de plomo mientras finges que todo va bien.

La depresión no es llorar un día ni estar de bajón porque te ha salido mal un examen, o porque una relación ha terminado. Es mirar la vida sin ilusión, sin fuerza, sin motivos. Es perder el apetito o querer comer sin parar, dormir todo el día o no poder pegar ojo. Es que nada te llene, que todo te canse, que cada tarea cotidiana sea una cuesta arriba.

La depresión no se presenta con tarjeta de visita, simplemente aparece. Te deja sin ganas, sin energía, sin fe. La gente te dice: «Ánimo», «sal de casa», «haz ejercicio», «reza más», y tú quieres gritar: «¡No entiendes nada!». Porque no se trata de querer. Si por querer fuera, ya estarías bien. El problema es que no puedes. Hay una especie de niebla que lo cubre todo, una anestesia emocional. Ni alegría, ni tristeza. Solo vacío. Silencio. Soledad.

Yo he estado ahí más de una vez. Sé lo que es levantarte y sentir que no puedes más, que lo intentas todo y nada cambia. Que vas a misa y ni eso te consuela. Que oras y no sientes a Dios. Que te miras al espejo y no te reconoces. Y entonces, la culpa, porque te dices que deberías estar agradecido, que hay gente peor, que tú al menos tienes esto o lo otro... Y eso te hunde aún más.

Confieso, Ramón, que he pensado muchas veces que no valgo para esta vida, que ojalá no hubiera nacido y que todo sería más fácil si desapareciera. Esas ideas duelen y dan miedo, pero están ahí. Y no, no me hacen débil; me hacen humano.

Quien tiene depresión está convencido de que está solo, de que nadie le entiende, de que si cuenta lo que siente le van a juzgar y, posiblemente, se alejen. Y por eso, Ramón, callamos. Y por eso tantos se quitan la vida, no por cobardes ni por egoístas, sino porque el dolor es tan fuerte que no saben cómo continuar.

¡Ojalá pudiéramos, tú y yo, decirles que existe una salida para lo que les ocurre, que hay personas que sí lo entienden, que no están solos, que pedir ayuda no es rendirse, sino comenzar a luchar de verdad! Psicólogos, psiquiatras, grupos de apoyo, amigos verdaderos, comunidad, oración..., todo cuenta. Todo suma.

Si conoces a alguien que está pasando por esto, no tengas miedo de acercarte. Abrázalo, escúchalo, acompáñalo. Gestos así pueden salvar una vida.

Gracias por seguir leyendo estas cartas. Gracias por dejarme entrar en tu dolor. Gracias por continuar luchando.

Con todo mi corazón,

Juan

CARTA XIII

Lo bueno del dolor

Querido Ramón:

Hoy quiero escribirte una carta distinta porque he empezado a mirar el dolor de otra manera y quería compartirlo contigo, por si puede servirte.

No voy a decirte que el dolor es bueno en sí mismo. El dolor quema, agota, rasga, y yo mismo he suplicado mil veces que se detuviera. Pero con el tiempo he aprendido que el dolor, cuando se abraza y se ofrece, puede convertirse en algo fértil, como una tierra árida que, regada por lágrimas, da flores salvajes.

En mi caso, el dolor —físico, mental, espiritual— ha amenazado con quebrarme en repetidas ocasiones pero, a pesar de todo, por las grietas ha acabado entrando la luz. El dolor me ha quitado seguridades que me sobraban y me ha dejado con lo esencial, me ha vaciado para dejar espacio a algo más profundo. Y ahí he descubierto que cuando ya no te queda nada, solo Dios basta.

¿Sabes qué más he aprendido? El dolor me ha hecho más humano porque me ha permitido mirar a los demás con mayor ternura y misericordia. He dejado de preguntarme: «¿Por qué está esta persona así?», para pensar: «Yo también he estado así», o «Yo también podría haber estado así». Y todo porque el que sufre se vuelve sensible al sufrimiento ajeno, y eso, Ramón, lo convierte —nos convierte— en puentes, en consuelo con patas, en abrazos con historia.

El dolor también me ha purificado. Me ha ayudado a soltar lo que no podía sostener. Me ha enseñado a vivir con menos, a necesitar menos, a amar sin tantas expectativas, incondicionalmente. Ha puesto a prueba mis vínculos, me ha mostrado quién se queda y quién no, revelándome la fidelidad silenciosa de Dios y la paciencia valiente de unos pocos amigos.

Sí, aunque me cueste aún decirlo, el dolor me ha acercado a Jesús como nada más lo ha hecho. No ha sido precisamente en los días felices, sino en las noches largas, cuando he sentido que Él me hablaba sin palabras, me miraba sin exigirme nada y sufría conmigo. En medio de esas noches tan oscuras, de algún modo el Calvario se convertía en un lugar de encuentro.

Ramón, yo no quiero sufrir, pero si tengo que hacerlo no quiero que mi sufrimiento sea en vano. Quiero que, aunque duela, tenga sentido. Que mi cruz no sea solo peso, sino puente. Que un día mi herida sea medicina para otros.

Si tú estás ahora atravesando un momento de dolor que no entiendes, no lo entierres sin más. No te lo tragues sin digerir. Míralo. Ponle nombre. Ofrécelo. Deja que Dios entre ahí, no para borrarlo, sino para transformarlo, como hace con todo lo que toca.

Definitivamente, hay algo bueno en el dolor, no por lo que quita, sino por lo que deja. No por lo que arrasa, sino por lo que revela. No por sí mismo, sino porque puede ser lugar de resurrección.

Y tú, Ramón, aunque hoy no lo veas, estás siendo fecundado por lo que duele.

Gracias por permitirte sentir. Por no anestesiar. Por estar.

Con amor herido,

Juan

CARTA XIV

«No puedo más»

Querido Ramón:

Hoy no te escribo desde la calma ni desde la esperanza, sino desde el límite, desde el borde, desde ese lugar en el que uno piensa que ya no puede más.

¿Alguna vez has sentido cómo tu alma se rompía en mil pedazos sin hacer ruido, o cómo se te agotaba el cuerpo sin correr una sola maratón? No sé si has estado tan cansado por dentro que ni siquiera llorar te servía. Yo sí. Y hoy escribo desde ahí.

Hoy me siento muerto por dentro. No quiero sonar dramático, pero hay un cansancio que me pesa demasiado, una piedra de toque de la que ya te he hablado en cartas anteriores. Hay veces que no puedo evitar el sentimiento de vértigo que me da el pensar que no tengo a nadie a quien amar sin sentirme juzgado. Me agota dar y dar, y sentir que no basta, que nunca bastará. Me consume el pelear por confiar en los demás mientras las heridas del pasado me suplican que no lo haga.

¿Que qué ha ocurrido para que se me caiga todo encima? Bueno, hoy es un día especial porque Clara ha dejado la coordinación de Effetá y, aunque muchos han celebrado su entrega y le han dado las gracias, yo lo estoy viviendo como una pérdida profunda.

Ramón, ya te he contado que no es que ella me haya hecho nada malo —al contrario, lo ha hecho todo bien, ha estado, ha cuidado, ha acompañado—, y creo que es precisamente por eso por lo que su ausencia me duele como si me arrancaran una parte del alma. Me ha dolido siempre su distancia, su límite, su «no», pero ahora se hace definitivo.

Yo sé que no puedo exigirle a nadie que se quede, porque el amor no se puede forzar, pero dime, Ramón, ¿qué se hace con el amor cuando no tiene dónde quedarse? ¿Dónde se guarda un sentimiento tan grande cuando no puede entregarse? ¿Dónde se guardan las ganas de abrazar, de cuidar, de construir algo, cuando el otro no puede o no quiere recibirlo? Es ahí donde me estrello, porque no tengo dónde dejar el amor, y como no puede salir, me ahoga por dentro.

Sé que no siempre se puede llegar al otro sin que se sienta invadido, y ese miedo me paraliza: el miedo de dar de más, de ser demasiado, de estorbar. No quiero que mi amor se convierta en un peso ni en una incomodidad para nadie.

Y, ¿sabes? Esto no es nuevo. Llevo tiempo sintiéndome así, como si el amor que tengo para dar fuera demasiado grande para caber en la realidad, como si no encontrara lugar en este mundo para todo lo que siento. Y eso agota, Ramón. Es como estar gritando todo el día sin que nadie escuche.

He dicho antes que no quería sonar dramático, y fíjate, creo que no lo estoy consiguiendo. En realidad, hay una parte de mí que cree en el bien, en el amor, en la fe, pero hay otra parte que está exhausta, y esa es la que hoy ha cobrado protagonismo para decirme: «No puedes más, Juan. Ya está. Basta». Hoy el demonio ha aprovechado la herida abierta y me ha susurrado mentiras disfrazadas de exigencia: «No te estás entregando lo suficiente», «no estás renunciando a ti mismo». Y me ha surgido la idea de que quizá no estoy bebiendo la copa que el Padre me ha preparado. Sí, por un momento lo he creído. Me he sentido flojo, poco generoso, mediocre. Me he dicho: «Claro, por eso te duele, porque no estás amando bien. Si amaras bien no sufrirías así».

Pero en mitad de mis incertidumbres me ha llegado una respuesta que me ha dejado sin palabras. No ha sido una idea ni una revelación brillante, sino una imagen muy concreta: Jesús llorando delante del Padre por mí. Sin hablar. Sin suplicar nada. Sin reclamar justicia. Solo llorando conmigo, por mis necesidades, mis límites, mis heridas. No me pedía nada, no me exigía nada, solo lloraba junto a mí. Y eso me ha desarmado.

Esta noche no necesitaba una respuesta teológica, ni tampoco que me explicaran que todo esto tiene sentido, ni que me dijeran: «Dios sabe lo que hace», «todo es para bien». Necesitaba que alguien se quedara. Que, viéndome roto, en lugar de darme instrucciones me abrazara. Y eso es lo que ha hecho Jesús: contemplarme en mi miseria sin exigirme que sea fuerte. Me ha visto débil y no me ha lanzado reproches. Me ha mirado como soy —pequeño, quebrado, confundido— y ha elegido quedarse conmigo.

¿Sabes lo que eso significa? Que yo puedo estar mal, que no tengo que fingir, que no tengo que maquillar mi fe, que está bien no poder más, y llorar, y no saber cómo seguir.

No, yo no he rechazado la copa del sufrimiento. Al contrario, si algo he hecho, ha sido tratar de beberla con fidelidad, apurando hasta la última gota. He procurado siempre amar sin condiciones, aunque eso me haya costado amistades, lágrimas y rechazos. Y sí, claro que me falta Clara, siempre me va a faltar, pero no soy un cobarde.

Esta mañana no he podido evitar darle vueltas a mi deseo de casarme algún día, lo que, en última instancia, responde a un deseo más profundo: el deseo de amar sin miedo y sin medida, y de dejarme amar así. De tener a alguien a quien cuidar y que me cuide, alguien con quien compartir la vida, y con quien ser yo, sin filtros.

En la primera carta te prometí que este libro no iba a ser una colección de frases bonitas. Por eso hoy estoy aquí, hablando desde la carne abierta, desde las llagas, cumpliendo mi promesa.

Y hoy no tengo un final bonito para mi carta. Solo tengo mi dolor, el cansancio que me aplasta, el grito mudo que llevo dentro. Al mismo tiempo, tengo la certeza de que no estoy solo. Tú estás ahí, leyéndome, y Jesús tampoco se aparta de mi lado. No, no estamos solos. Y eso, aunque no lo parezca, es suficiente por hoy.

Con todo el amor que aún me queda,

Juan

CARTA XV

«¿Quién es Jesús?»

Querido Ramón:

Tu última carta me ha dejado un buen rato pensativo, porque necesitaba digerir lo que me estabas pidiendo: que te hablara de Jesús desde el fondo de mi corazón, desde la experiencia real y concreta de alguien que sufre, que vive, que ama y que con frecuencia tiene que arrastrarse.

Te contaré cómo me lo imagino. No es una imagen fija, porque va cambiando con mis heridas, con mis luchas, con mis rezos, pero hay algo que permanece: su humanidad. Para mí, Jesús es profundamente humano. No me lo imagino como un ser flotante que no pisa el barro; al contrario, lo veo con los pies sucios de polvo, como los míos. Lo veo cansado, sudando bajo el sol, con las sandalias desgastadas de tanto andar. También lo veo fuerte, pero no con una fuerza de gimnasio, sino de la que nace de amar sin miedo.

Sus manos siempre me han parecido importantes. Son manos de carpintero que se han llenado de astillas, que han sangrado, que han sostenido maderas duras. Son manos que han curado, que han acariciado a los enfermos, que han levantado a los caídos, que han tocado a los leprosos cuando nadie se atrevía, que han escrito en la arena mientras todos gritaban enfurecidos, que sostuvieron a Pedro cuando se hundía en el mar... Y esas mismas manos, que tanto bien habían hecho, fueron un día traspasadas por clavos, y se abrieron.

¿Y sus ojos, Ramón? A veces me los imagino llenos de fuego, otras de lágrimas. Jesús no es ajeno a la emoción, no es un robot. Se conmueve profundamente. En sus ojos veo una mirada que atraviesa máscaras, excusas y pecados, y no condena. Jesús nos ama infinitamente, porque Dios es amor y solo sabe amar. Por eso su mirada, aunque nos desnuda, no lo hace para avergonzarnos, sino para decirnos que no tenemos que escondernos más.

¿Y cómo describir su voz? La oigo dentro, cada vez más clara. No grita, no impone, es firme y profunda. Es esa voz que me ha dicho: «No tengas miedo» cuando todo se venía abajo. Habla sin prisa, sin exigencias, pero sin dejar que te estanques. Es la voz de un hermano mayor que me protege, la de un amigo que siempre está ahí.

Tú me preguntas qué aprendió en su casa de Belén. Yo creo que aprendió a no tener y a vivir en la humildad más absoluta, y fue educado en el silencio orante de José y en la ternura valiente de María. De ellos también aprendió que, aunque el mundo no cuenta con los pequeños, los pequeños pueden cambiar el mundo. No deja de ser curioso que Dios tuviera que aprender. Eso me conmueve mucho, porque si Jesús tuvo que aprender a ser humano, eso quiere decir que entiende perfectamente nuestra fragilidad.

¿Por qué se acercó tanto a los débiles que quiso hacerse uno con ellos? Él supo lo que era ser pobre, marginado, perseguido. Amaba —y sigue amando— de tal modo que, cuando una prostituta le enjugó los pies con sus cabellos, vio todo el dolor que arrastraba y no permitió que la echaran. Tampoco mandó callar al ciego Bartimeo, que le llamaba a gritos desde el borde del camino para que le devolviera la vista. Y, a pesar de que Pedro le negó tres veces, después de resucitado se le apareció y le preparó pescado para que comiera, y le preguntó, sin reproches, si le amaba.

Lo que me cuesta mucho, Ramón, es hablarte de su muerte. No puedo evitar que se me haga un nudo en la garganta, porque su cruz es mi cruz, y su grito de abandono, el mío. Su dolor insoportable me lleva a contemplarle cuando pienso que no puedo más, y lo veo allí, desnudo, sangrando, sufriendo... Y no se baja, Ramón, se queda. Podía haberse bajado, tenía el poder de impedir que le tocaran un solo cabello, pero se quedó y se dejó matar. Por amor. Por ti. Por mí. Porque nos ama tanto que dio la vida por nosotros, sus amigos. Él quiso entrar hasta el fondo de nuestro infierno para que ninguno de nosotros estuviera solo ahí abajo.

Jesús murió, pero resucitó. Y ahí está el misterio, Ramón. Así fue como venció a la muerte, y eso lo cambia todo. Porque si Él ha vencido a la muerte, entonces puede vencer nuestras pequeñas muertes cotidianas: la del rechazo, la del abandono, la de la depresión, la del miedo, la del pecado. Jesús me ha recogido del suelo, me ha perdonado mil veces y me ha susurrado «te amo» cuando yo había dejado de quererme.

Ramón, tú me preguntabas cómo sé que es real. La prueba la encuentro a menudo, porque Él es quien me sostiene cuando todo se derrumba. Cada vez que estoy frente al sagrario, aunque no sienta nada —porque esto no va de sentir, sino de algo mucho más serio, la fe—, sé que me está mirando y que me escucha. Él es quien me sostiene en sus brazos cuando yo no tengo fuerzas.

Jesús es mi Todo. Él es quien me ha devuelto la dignidad cuando yo la había pisoteado, quien me ama con locura y quien me espera cada vez que me pierdo. ¿No te gustaría que hiciera lo mismo contigo? Solo hace falta que le abras un poco la puerta y le dejes entrar en el lugar donde te más duele.

No tengas miedo de mostrarle tus heridas, porque Él fue herido y sabe lo que es el dolor. Ahora, sus heridas gloriosas son las únicas que verdaderamente pueden sanar las tuyas.

Gracias por dejarme hablarte de Él y gracias por seguir leyendo estas cartas. Espero que algún día no muy lejano puedas decir, como yo, que le has visto con tus propios ojos, aunque no sean los del cuerpo, sino los del alma (al menos mientras estemos en este mundo, aunque ojalá tengamos la dicha de verle cara a cara en el cielo...).

Con todo mi corazón,

Juan

CARTA XVI

Jesús también sufrió

Querido Ramón:

Gracias por seguir ahí, leyendo. Me emociona pensar que estas palabras pueden tocar algo en tu interior, así como Jesús ha tocado tantas veces mi historia.

Jesús está siempre contigo. Hay gente a la que le cuesta creer que Él pueda entendernos cuando nos sentimos rotos, abandonados, sucios y vacíos, pero Él conoce nuestra fragilidad mejor que nosotros mismos. Jesús conoce tu dolor, porque lo ha asumido, ha cargado con él y lo ha superado.

Cuando pienso en el sufrimiento de Jesús, no lo circunscribo únicamente al momento de la cruz. Veo toda su vida como una escuela de dolor redimido. Fue rechazado ya antes de nacer y no encontró lugar en la posada, fue perseguido por Herodes y su familia tuvo que exiliarse a Egipto. Creció en un pueblo insignificante, rodeado de gente que, con el tiempo, se burlaría de Él: «¿No es este el hijo del carpintero?». No podían creer que fuera un profeta, y mucho menos, Dios.

Y luego vino lo más duro: el amor incomprendido. Jesús amó hasta el extremo, y sin embargo, fue traicionado por Judas, negado por Pedro, abandonado por casi todos sus apóstoles y discípulos. Solo María, su Madre, Juan y unas cuantas mujeres permanecieron junto a Él al pie de la cruz. Amó y fue rechazado. Amó y fue herido. Como tú. Como yo.

Hay un momento en el Evangelio que siempre me ha estremecido: Getsemaní. Esa noche, Jesús sabe lo que se le viene encima y se derrumba. Suda sangre de la angustia y del dolor emocional que le oprime el alma. «Mi alma está triste hasta la muerte», les dirá a Pedro, Santiago y Juan. Reconozco que eso recoge perfectamente el estado de mi alma en muchas ocasiones y me consuela saber que Dios ya le ha puesto palabras.

Esa noche, sus amigos se duermen y no pueden velar con Él ni una hora. Ese abandono me atraviesa, porque me remite a esos momentos en que, justo cuando más necesitamos a los demás, muchos desaparecen, por miedo, por ignorancia, por no saber qué hacer.

Cuando llegan los soldados a prender a Jesús, no se va. Podría haber escapado, haciendo que todo terminara ahí, pero eligió lo que el Padre le pedía: eligió amarnos hasta el extremo, cuando amar le dolía tanto. Eligió no cerrar el corazón, aunque sabía que se lo iban a atravesar.

El Viernes Santo llegó el momento de la cruz, que tantas veces hemos visto en imágenes, pero que no nos atrevemos a contemplar desde dentro. Jesús sufrió muchísimo en el plano físico —fue brutal—, pero sufrió aún más en el alma. Le escupieron, se burlaron, lo desnudaron, lo ridiculizaron. «Tú que destruyes el templo y lo reconstruyes en tres días, sálvate a ti mismo; si eres Hijo de Dios, baja de la cruz», le dijeron. Pero no lo hizo, porque su amor era más fuerte que su dolor.

Hay otra cosa que me ayuda mucho: pensar que Jesús no prescindió de las heridas al resucitar. Podía haber vuelto sin marcas, pero quiso que sus llagas siguieran ahí. Tomás las tocó. Eran reales. Eso me dice que el dolor, cuando se entrega, no desaparece, sino que se transfigura. Deja de ser una herida que sangra y se convierte en una herida que sana.

Así veo ahora mis heridas, Ramón. Como cicatrices que me recuerdan no solo lo que he sufrido, sino también Quién me ha sostenido en medio del sufrimiento, Quién ha caminado conmigo y —aunque yo sintiera nada, aunque no viera, aunque no creyera—, Quién ha estado siempre ahí.

Él no se cansa, a pesar de que tú estés cansado; Él no se escandaliza, aunque tú te sientas sucio; Él no se aleja, aunque tú te encierres; Él no te exige que te levantes solo, sino que te ofrece su mano para elevarte y devolverte tu dignidad.

Ramón, tu dolor no es un error ni una maldición, sino el lugar donde Dios quiere encontrarse contigo para amarte como nunca te han amado. No tienes que hacer nada especial; tan solo dejarte mirar por Él y dejarte amar, aunque sea entre lágrimas, o desde la cama, sin fuerzas. Y si hoy no puedes creer, yo creo por ti; si hoy no puedes rezar, yo rezo por ti.

Todo esto no pretende sonar a poesía. Créeme, es verdad: verdad encarnada, verdad crucificada, verdad resucitada.

Ramón, un día tú también resucitarás, y tus lágrimas tendrán sentido, tus heridas serán luz para otros y tu cruz no será inútil. En ella Cristo te espera.

Gracias por no rendirte. Gracias por seguir caminando. Ya eres un valiente, aunque no te des cuenta.

Con todo mi corazón,

Juan

CARTA XVII

Jesús ante nuestro sufrimiento

Querido Ramón:

En esta carta quiero hablarte de Tomás, al que popularmente se conoce como «el incrédulo», pero a quien a mí me gusta llamar «el herido», porque creo que detrás de su incredulidad había una herida tan profunda que ni siquiera podía reconocer la esperanza cuando se la ponían delante. Su dolor era tan hondo que lo cegaba.

El apóstol Tomás no estaba cuando Jesús se apareció por primera vez a los discípulos, y yo siempre he pensado que su ausencia se debía a que intentaba huir del dolor por la muerte de Jesús, por haberlo dejado solo, por miedo. Cuando uno está herido, lo primero que quiere es esconderse, desconectar, huir. Y es muy probable que Tomás no pudiera asimilar lo ocurrido.

Cuando volvió, los demás le dijeron que Jesús había resucitado, pero él se negó a creerlo. ¿Cómo era posible, después de todo lo que él había visto, de todo lo que había vivido? Y entonces pronunció esa frase que ha quedado recogida en el Evangelio: «Si no veo en sus manos la señal de los clavos y meto mi dedo en el lugar de los clavos, y meto mi mano en su costado, no creeré».

Da la sensación de que Tomás necesitaba tocar el dolor —la señal de los clavos, la llaga en el costado— para creer que había vida más allá del sufrimiento. Y Jesús, ¿qué hace ante ese desafío de Tomás? Primero espera ocho días, una eternidad para un corazón que sufre, y luego vuelve. Después de aparecerse a los discípulos y desearles la paz, se dirige a Tomás, que en esta ocasión sí está allí con ellos, y le ofrece lo que él necesita, no lo que merece: «Trae tu dedo, aquí tienes mis manos; trae tu mano y métela en mi costado; y no seas incrédulo, sino creyente».

No hay otro personaje en todo el Evangelio al que Jesús le diga algo tan íntimo, tan físico. Jesús, el Resucitado, ofrece sus heridas para ser tocado por la duda, por la necesidad, por la desconfianza. Él conoce perfectamente el origen de esa falta de fe: el dolor. Y entonces Tomás no necesita tocar. Reconociendo a

Quien tiene delante, hace una profesión de fe: «¡Señor mío y Dios mío!».

Ramón, yo he sido Tomás, no una, sino muchas veces. He necesitado tocar las llagas de Jesús para creer que las mías pueden sanar; he necesitado ver que Dios también sangra, que también grita, que también se siente solo, porque si no, mi dolor no tendría dónde apoyarse.

Yo también he dudado, y sigo dudando. No me avergüenza decírtelo, porque creo que la fe no es la ausencia total de dudas, sino la perseverancia en medio de ellas. La fe verdadera es la que sobrevive a las preguntas sin respuesta, a los misterios que no alcanza a comprender, a la soberbia humana de querer medirlo y pesarlo todo.

A veces, mi oración ha sido como la de Tomás: «Señor, si no te toco, no puedo creer». Y me he encontrado con un Jesús que no me ha dicho: «Reza más», sino que me ha mostrado sus heridas y me las ha ofrecido: «Mira, aquí estoy, no me he ido. Toca si lo necesitas. Aquí están mis llagas, idénticas a las tuyas. Mismo lugar, mismo dolor».

Hay algo muy hermoso y profundo en las llagas gloriosas de Jesús, en el hecho de que no las oculte, ni las borre, ni las maquille. Es la señal de las llagas la que sana a Tomás, y reconozco que a mí me ayuda a ver que nuestras heridas no son el final; que el dolor, aunque parezca eterno, se transforma; que hay vida después del Calvario; que la resurrección no consiste en olvidar el sufrimiento, sino en descubrir que Dios puede usarlo como camino para amar más, para llegar a otros, para volver a confiar.

Jesús le ofrece su cuerpo a Tomás y eso basta. Lo que sana es el Amor que se deja tocar, y yo creo que con nosotros Jesús haría lo mismo. Si hoy le dijéramos: «Señor, estoy agotado, no puedo más. Dudo. Me cuesta confiar», Jesús no se escandalizaría. Se sentaría a nuestro lado, haría silencio y, cuando estuviéramos preparados, nos mostraría sus manos abiertas y diría: «Aquí puedes meter tu dedo. Y confía, soy Yo». Entonces nosotros, como Tomás, quizá tampoco necesitaríamos tocar, porque ya habríamos sido tocados por el Amor.

Así es Jesús. No exige una fe perfecta, sino un corazón confiado. Y si tu fe hoy es débil, frágil e inestable, Él la fortalecerá. Yo he llegado a acercarme a Jesús con rabia, con lágrimas, con recelo, y nunca me ha rechazado. Él siempre me ha esperado. Cada día. A cada instante.

Ramón, no tengas miedo de tus preguntas, no temas tus crisis, no escondas tus vacíos. Jesús quiere encontrarte justo ahí. Y si ahora no puedes decir todavía: «Señor mío y Dios mío», está bien. Él sigue esperando y confiando en ti, y no necesita que lo entiendas todo. Tan solo que le abras una rendija de tu alma.

Con un abrazo lleno de fe frágil, pero sincera,

Juan

CARTA XVIII

Sábado Santo: entre la muerte y la vida

Querido Ramón:

Hoy te escribo desde un lugar de espera, de confusión, de silencio. Me pregunto por qué no se habla más de él. Es como si no tuviera demasiada importancia en la historia de la fe, y, sin embargo, se parece mucho al lugar donde tantos vivimos.

Hoy quiero hablarte del Sábado Santo, ese día entre la cruz y la gloria, entre el grito de abandono de Jesús y el «No está aquí, ha resucitado», ese espacio entre el «Todo está consumado» y el «¡Alegraos!».

El Sábado Santo es ese día en que los discípulos no sabían si todo había terminado o si aún quedaba alguna esperanza, el día en que el cuerpo de Jesús estaba en el sepulcro y nadie sabía qué hacer con tanto dolor.

Ese día me representa más de lo que quisiera. Me habla de momentos donde no hay milagros, ni consuelo, ni certezas. Donde uno se siente vacío por dentro, y todo parece indicar que Dios se ha ido, que lo que esperábamos no se ha cumplido, que han quedado sin respuesta nuestras oraciones. Es el día de los que hemos llorado sin comprender, de los que hemos sentido el alma silenciada, de los que hemos vivido pérdidas sin explicación.

Yo he vivido muchos Sábados Santos, no de calendario, sino del cuerpo y del alma. Han sido días y noches en los que me he sentido como en una tumba, con ganas de rendirme. Recuerdo momentos concretos en los que he gritado por dentro: «Dios mío, ¿dónde estás? ¿No ves lo que me pasa?», y el silencio era la única respuesta. Ni una señal, ni una palabra, ni una caricia. Únicamente una oscuridad en la que me parecía imposible seguir creyendo.

Eso sí, he aprendido que ese silencio no es vacío, y que ese tiempo entre la muerte y la resurrección no es tiempo perdido. En el Sábado Santo no pasa nada por fuera, pero se está gestando todo por dentro. Mientras parece que Dios no actúa, Él está bajando a nuestros infiernos más profundos, a nuestras heridas más olvidadas, a nuestros miedos más oscuros.

El Sábado Santo es el día en que Dios hace su trabajo más silencioso: descender hasta lo más bajo para que nunca más tengamos que estar ahí solos; para decirnos que, aunque todo parezca muerto, Él no se ha ido.

Es un día para no hacer nada espectacular. Para no pretender sentir lo que no se siente. Para no disfrazar la tristeza de alegría, ni la duda de certezas forzadas. Es un día para estar, para esperar, para abrazar el silencio en medio de la fragilidad de nuestra fe. Y esa espera humilde, callada, paciente y sin seguridades es sagrada.

Ya falta poco para el Domingo de Resurrección, donde la Vida regresa, no por nuestra fuerza, sino por el poder de Dios. Porque el Amor es invencible y nunca se rinde; porque el sepulcro no es el final; porque nuestro Dios no es un Dios de muertos, sino de vivos.

A ti, Ramón, que ahora estás en tu Sábado Santo, en el corazón mismo del misterio, en el momento donde la fe madura, el alma se purifica y la resurrección empieza a tejerse, te pido que aguantes un poco más. No estás solo, y aunque no lo notes, la piedra que tanto te pesa pronto se abrirá.

La resurrección es la certeza de que el dolor, aunque aplaste, no es eterno. Es la promesa de que lo que hoy parece una tumba, mañana puede ser cuna de vida nueva. Por eso, mis lágrimas y las tuyas no son el punto final, sino el inicio de algo que no alcanzamos a ver todavía, porque el amor no muere, la esperanza no es en vano y la luz vence a la oscuridad. Siempre.

Con cariño y esperanza,

Juan

CARTA XIX

Tienes una Madre en el cielo que sufre contigo

Querido Ramón:

En medio de todas mis tormentas, siempre he encontrado el auxilio de un auténtico bálsamo para mi alma: nuestra Madre del cielo, la Virgen María.

Ella está junto a Dios en cuerpo y alma, cuidando activamente de nosotros, sus hijos. Ella, como Madre de Jesús, experimentó el más lacerante de los dolores (y por eso anunció el anciano Simeón, al ver al bebé Jesús, que a María una espada le traspasaría el alma). Y por eso, Ramón, Ella puede acompañarme —y acompañarte— en el camino de nuestro dolor.

María es la Madre de todos los que sufrimos, de los que lloramos sin saber exactamente por qué, de los que tenemos el corazón destrozado y pensamos que ya no podemos recomponerlo. Es Madre de los que no encajan, de los que han perdido, de los que aman y no reciben más que desprecios. Es Madre de los invisibles, de los cansados, de los incomprendidos. Es Madre de todos los que caminamos con las heridas abiertas y la esperanza temblorosa.

Jesús quiso entregárnosla en el momento en que su dolor era mayor, cuando, a punto de morir en la cruz, miró a su Madre y al discípulo que tanto amaba, y dijo: «Mujer, ahí tienes a tu hijo», y luego a Juan: «Ahí tienes a tu Madre». Jesús nos regaló a su Madre, la hizo Madre de la humanidad, y desde esa hora ninguno somos huérfanos. Ella nos acompaña siempre con su presencia maternal, incondicional, constante, que todo lo ve. Ella nos comprende y no se cansa de esperarnos.

Yo me siento cuidado por la Virgen María en lo cotidiano, en lo escondido, en lo que el mundo no aplaude; en esa paz inesperada que llega en medio del caos; en esa fuerza silenciosa que me empuja cuando estoy tentado de tirar la toalla; en ese susurro que me recuerda que mi fragilidad no me aleja de Dios, sino que puede acercarme aún más a su Corazón.

María me acoge incluso cuando no tengo fuerzas ni para orar, y solo puedo decir «Mamá», como un niño herido. Porque Ella es eso, Ramón, una Madre fiel, valiente y llena de fe. Ella no se marcha. Cuando los apóstoles se escondieron por miedo, Ella se quedó al pie de la cruz, mirando a su Hijo y aguantando el dolor, amando hasta el final. Y desde ese día, se queda también al pie de nuestras cruces, no para quitarlas —¡aunque cuánto desearíamos que lo hiciera!— sino para acompañarnos, como hizo con Jesús.

Durante una etapa muy dura de mi vida, cuando mi cuerpo herido por la discapacidad me hacía sentir pequeño e incompleto, y estaba lleno de miedos, solo una cosa me calmaba: rezar el rosario en silencio. Era como un latido. Cada avemaría era una lágrima que ofrecía, cada misterio una herida que presentaba. Y sentía, Ramón, que Ella me escuchaba y me abrazaba.

Así fue creciendo mi amor por Ella, primero tímidamente, y luego con gratitud. Ella ha estado a mi lado en cada paso importante, en cada hospital, en cada retiro, en cada una de mis soledades. María, mi Madre, es la que me respalda en cada «sí», a pesar de mis temores. Ella es la que me enseña a ser fuerte, sin renunciar por eso a ser sensible; porque ser frágil, lejos de ser un defecto, puede ser un don.

En una ocasión, estando en Fátima, experimenté algo muy especial. Sentí que la Virgen María me hablaba en lo secreto del alma y me decía: «Hijo, yo te entiendo. Yo también he tenido el corazón atravesado».

María ha gritado en silencio mientras moría su Hijo y ha sentido miedo y dolor, pero nunca ha dejado de amar. Y eso, amigo mío, me sostiene. Cuando no entiendo nada y no puedo más, la miro a Ella. Solo necesito saber que está, que me ama y que intercede por mí.

Tener una Madre en el cielo, Ramón, es tener la certeza de ser acogido siempre incondicionalmente. Es saber que, aunque no sientas a Dios, hay una Madre que lo siente por ti, una Madre que, cuando no tienes palabras, susurra tu nombre al oído de Dios Padre.

Con su humildad, con su «sí», la Virgen María cambió el mundo, y me ha cambiado a mí. Si Ella pudo aceptar tanto dolor, yo también puedo aceptar mis pequeños —o grandes— dolores. Si Ella fue capaz de amar sin comprenderlo todo, yo puedo intentarlo. Si Ella no se rindió al pie de la cruz, entonces hay esperanza para mí. ¡Y esa esperanza me ha salvado más de una vez!

Ramón, la Virgen María no está lejos de ninguno de nosotros. Es más, está muy cerca. No siempre somos capaces de entender lo pendiente que está hasta de lo más pequeño que nos ocurre, pero Ella está ahí, atenta, escuchando, cuidando, esperando; en fin, todo lo que hace una madre, y Ella de forma perfecta, ya que es la más perfecta de las Madres.

Recurre a Ella. No tengas reparos en decirle: «Madre, ayúdame», ¡y ya verás lo que pasa! Porque cuando uno le abre la puerta a María, el alma se llena de luz.

Con cariño y gratitud,

Juan

CARTA XX

Y con Jesús resucitaremos

Querido Ramón:

Ya hemos compartido muchas lágrimas, heridas, silencios y dolores. Al contarte mis batallas, te he ido abriendo mi alma, y quizá te preguntes: «¿Y ahora qué? ¿Dónde queda la esperanza después de tanto sufrimiento?».

Hoy quiero hablarte precisamente de eso, del día después, del sol que vuelve a salir, y de una verdad que me reconforta: con Jesús no solo se sufre, con Jesús se resucita.

Te aseguro que estas palabras nacen de la tierra removida de mi vida, de una tumba abierta, del dolor encarnado. Porque —o al menos yo lo vivo así—, el milagro no es que el sufrimiento desaparezca, sino que continuemos levantándonos una y otra vez; que el dolor no nos destruya por completo, sino que aprendamos a mirar más allá.

A lo largo de todas mis cartas has podido comprobar que he pasado por días sin aire, sin ganas, sin esperanza. Días en los que lo más valiente que hice fue despertarme y seguir viviendo. Días en los que el silencio de Dios me pesaba más que cualquier cruz. Y sin embargo, algo dentro de mí —muy dentro— me repetía: «No todo termina en la cruz».

Sí, la cruz es sangre, es madera, es abandono, pero es también el camino a la gloria, porque hay una mañana gloriosa después del Viernes y del Sábado Santo. La resurrección es una promesa cumplida, un acontecimiento histórico que hoy nos sigue cambiando la vida. El mismo Jesús que resucitó de entre los muertos está con nosotros en nuestro dolor, y nos da su fuerza para que también nosotros podamos vencerlo.

Yo me aferro a eso, no porque sea fuerte, sino porque no tengo nada más. Y sé que nuestras heridas serán glorificadas si las vivimos con Él, y que con Él resucitaremos del abandono, de la traición, de la soledad, del rechazo, de los pensamientos oscuros…, porque Cristo ha vencido y nosotros, unidos a Él, seremos partícipes de esa victoria.

Entretanto, y mientras llega el momento de la resurrección de entre los muertos en la otra vida, podemos experimentar ya aquí la resurrección en nuestra carne mortal. No me refiero a nada mágico, ni a algo que suceda de un día para otro. Pasaron tres días desde la muerte de Jesús hasta su resurrección, tres días de luto donde la mayoría pensó que todo había terminado, excepto su Madre, que aguardaba con esperanza el triunfo de su Hijo y la victoria de Dios sobre la muerte. Y al igual que Ella, nosotros hemos de esperar.

Como te contaba en la carta anterior, pasamos muchos momentos de nuestra vida en el Sábado Santo, entre el dolor de la cruz y la alegría de la tumba vacía, pero llegará un día en que miraremos atrás y diremos: «No entiendo por qué pasé por todo aquello, pero hoy sé que no estaba solo. Jesús me rescató». Y entonces mi historia y la tuya, con todas sus heridas, se convertirán en esperanza para otros. Serás como Tomás, un testigo de que tocar las llagas puede devolver la fe; o como Lázaro, llamado por su nombre desde la tumba; o como María Magdalena, que fue liberada de siete demonios y de una vida de sombras.

Y por si todo esto no bastase, tenemos la certeza de que un día nos veremos cara a cara con Jesús, y ya no habrá llanto, ni dolor, ni enfermedad, ni parálisis, ni abandono. Solo plenitud. Solo amor. Solo eternidad.

Con Jesús, la muerte es aniquilada, la cruz florece y lo imposible sucede.

Ramón, agárrate fuerte a la mano de Cristo y no la sueltes. Él va contigo. Y te lo aseguro, amigo mío: con Jesús resucitaremos.

Con fe, esperanza y todo mi amor,

Juan